利光功

シラーの美学思想

JN011838

マイブックサービス

目次

まえがき 5
第一部 シラーの美学思想 13
第二部 フリードリヒ・シラー 優雅と尊厳について 121
訳者解説 191
あとがき 223

まえがき

本書の第一部「シラーの美学思想」は、玉川大学通信教育部の機関誌『玉川通信』昭和六十二年一月号（No.407）から十二月号（No.418）まで「教養講座」として十二回連載されたエッセイの再録です。ただし〔一〕の最初の部分と〔四〕の最後の部分の二箇所を改訂しました。〔一〕の最初の部分は、激動の時代を生きたシラーは激動の現代に生きるわれわれの参考になるのではないかといった主旨の文でしたがそれを「シラーはゲーテと並ぶ古典主義文芸の大家である」に始まる文章に代え、〔四〕の最後の数行は連載当時の時勢について書いたものであったので割愛しました。それ以外の箇所については、必要な表記修正を行うにとどめました。また、読者の理解に役立つと思われる図版を主としてSchiller. Leben und Werk in Daten und Bildern (Frankfurt am Main: Insel Verlag, 1977) から選んでページ上欄に加えました。美学者の書いた評伝として、シラーの人物についてよく知らない方に読んでいただけたらと思います。

第二部は、シラーが公表した最初の美学論文「優雅と尊厳について」の翻訳です。これは、本書ではじめて発表するものです。この論文はドイツ語で書かれたもっとも美しいエッセイのひとつと言われています。その中心的な論題は、人間の行動ないし立ち振る舞いの美にかんすることです。優雅も尊厳も行動する人間の姿を現象的に捉えた概念ですが、行動のもとには自由意志があるので、優雅も尊厳も美的概念であると同時に倫理的概念であると言えます。つまり、美と善が重なり合った、卓越した人間性を指示する概念ということです。善き意志はいかなる意味で美たりうるでしょうか。この論文の理解の助けになるように書いた詳しい解説がありますので後ろに載せておきます。あわせて読んでいただけたらと思います。

私がシラーの美学を研究するようになったいきさつについて、手短に述べておきたいと思います。もともと私が美学を志したのは、大学に進学して三年生になり、美学美術史学科に入ったときにまでさかのぼります。美学とはどんな学問なのか。語学や歴史学ならだいたいどんなことをやるのかわかるけれど、美学となると、美についての学問であるということ以外さっぱり分からない。高校まではそんなものはまったく授業科目にないわけです。それが美学科に入ってみたら、授業で取り上げられるのはカントやヘーゲルの哲学者の美の学でした。そこで少し違和感を覚えることになりました。

というのは、それまで私は芸術的な鑑賞対象として、絵はもちろんみていましたが、芝居をよくみていたのです。当時、私より一つか二つ年長で劇団を立ち上げた浅利慶太氏がジロドゥなどフランスの戯曲を上演していました。ところがシラーなどドイツの戯曲がほとんど日本で上演されていませんでした。シラーの戯曲は独文学科の授業の中に少しありました。けれども美学科の授業には、哲学者の美学はあっても、戯曲を作った人の美学はまったくなかった。そういうところに不満を覚えたわけです。それが、私がシラーに取り組んでみようと思ったきっかけになると思います。

もっとプリミティヴな話をすれば、私は高校（都立日比谷）の頃は油絵を志していました。それで東京藝術大学に入りたいと思い（母が東京藝術大学［当時、東京音楽学校］の音楽科出身でした）、予備校に行ってみたわけです。するとそこには一浪二浪は当たり前の猛者たちがいて、そういう人たちに圧倒されてしまい、これを突破するのは並大抵ではないと考え、あらためて鑑賞する側、研究する側に回ろうと考えて、美をつくることは諦めたのでした。

そして大学に入り、三年次に美学美術史学科に進学して、美学者の竹内敏雄先生の講義を受けるようになります。竹内先生の授業は、美学概論にせよ、特殊講義「芸術の類型」にせよ、美と芸術を論理的体系的に究明していく過程が他に類をみないほど面白く充実していたのですが、その中でカントの美論についての講義をきいていると、シラーがカントを否定していることを知りました。シラーが美学の論文を書くようになったのは、カントの『判断力批判』を読んで大いに魅了されたことにあったのですが、シラーはこの大哲学者の論の進め方に恐れ多くも疑問を抱いたようです。

カントといえばドイツ啓蒙期の批判精神を代表する哲学者です。彼が出版した『純粋理性批判』(一七八一年第一版、一七八七年第二版)、『実践理性批判』(一七八八年)、『判断力批判』(一七九〇年)の三大批判書はドイツ哲学界に一つの事件といってよいインパクトを与え、広く受け入れられた一方、それに対する主だった反論は出てきませんでした。シラーは前の二著についてはともかく、自分の知っている美の問題を扱っている『判断力批判』に納得がいかなかったということです。

カントは、目的の概念に服する美はどれも純粋の美ではない、したがってアラビア模様やそれに類するものは、美として見られるかぎり、最高の人間美よりも純粋であると主張しています。これに対して、劇作家としてつねに人間の行為を考察してきたシラーは人間美こそ純粋な美でなければならないと考えます。つまりカントに対してシラーが抱いた不満は、アラビア模様の美を純粋とし、しかもこれが自由美であるとするようなカントの美の捉え方であり、したがってシラーの意図は、人間美を最高の純粋な美と認めるような、しかも人間の自由を根拠にするような美の概念を打ち立てることにありました。

『判断力批判』の構成をみると「第一部　美的判断力の批判」「第一篇　美的判断力の分析

論」「第一章　美の分析論」の中に、例えば次のような節見出しがあります。「第一節　趣味判断は直感的 aesthetisch である」「第六節　美とは概念なしに普遍的満足の客体として表象せられる所のものである」「第十六節　一定の概念の制約の下に対象を美なりと言明する所の趣味判断は純粋でない」（訳は大西克禮のものによった。ただし漢字は新字体に改めた）。このようにカントが概念なしに美を説明しているところをシラーはおかしいと考えました。シラーの考えでは、美とは概念に先だつものではなく、むしろ概念なのです。そこで美の概念そのものを求めていくために演繹という方法をとることになります。

演繹というのは経験に頼らずにまったく思索によって考察することですが、念のために『岩波小辞典　哲学』（一九五八年）の「演繹」の項目を援用しておきます。

演繹（えんえき）［英 deduction］　一つ以上の命題から、それを前提として、経験にたよらず、もっぱら論理の規則にもとづいて、必然的な結論を導きだす思考の手続。三段論法がその代表的なものであるが、直接推理もこのうちに含めてさしつかえない。演繹は帰納に対立する手続であるが、現実の思考においてはこの両者は結合され、たがいに補足しあうものである。

シラーは美の概念の演繹を二回行っています。その最初は「カリアス書簡」（一七九三年二月八日付け）においてであり、われわれの自然に対する関わり方（受動的か、能動的か、受動的であると同時に能動的か）から、「現象における自由」という概念を導出しました。「現象における自由」とは、具体的には、外から、あるいは他から押しつけられた原理によるのではなく、自分自身の原理で動いているように見える行為を思い浮かべればよいと思います。つまりこれは人間の行動ないし立ち振る舞いの美のことであり、何ものにも縛られずまったく自由に動いているように見える行為を美しいとするのです。

二回目は一七九五年に発表した「人間の美的教育について、一連の書簡」においてであり、そこでシラーは、美は人間の本性から出てくるものでないと本当の美とは言えないと考えて、人間のなかに「不動のもの」（人格）と「変化するもの」（状態）を区別し（第十一書簡）、人間の概念そのものから美の概念の演繹を行いました。

シラーが一番大事な美は装飾模様ではなくて人間の美なのだと考えたこと、そこに私は惹かれました。それまで私は演繹というものを知らなかったのですが、シラーを通して演繹というものに出合い、こういうものなのかと共鳴しました。私は竹内先生にいつか言ったことがあります。カントやヘーゲルもいいけれど、どこか文章が渇いていて湿り気がない。私はシラーの味のある文章のほうが好みであると。竹内先生もそれには同意されたと記憶しています。

シラーの美の概念は「動く人間の美」についてのものです。同じ人間の美でも固定した美（プラトンの美は固定したプロポーションの美なわけですが）ではなく、動く美、具体的には、舞踊の美を最高のものだと考えています。それがどんなものなのか、本文をお読みいただくことにしましょう。

第一部

シラーの美学思想

フリードリヒ・シラー。学友J・F・ヴェクハーリンによって一七八〇年頃描かれた油彩による最初の肖像画。

シラーの美学思想〔一〕

はじめに

シラーはゲーテと並ぶ古典主義文芸の大家である。ゲーテは主に小説としてその創作を発表したが、シラーは戯曲という形で発表した。つまりシラーの作品を鑑賞するためには劇場に出かけて上演された芝居を鑑賞しなければならない。そのためにわが国ではゲーテのほうが評判が高いのであるが、本国のドイツではむしろシラーの作品のほうが評判が高い。というのは、毎年のように新しい演出と新しい俳優によって上演されているためにしばしばジャーナリズムの評判になり、シラーのほうがゲーテより知名度が高いのである。

いかなる思想も、その名に値するものは時代を越える普遍性を備えているが、しかしそれがまた時代の制約の下にあることも事実である。そこで我々はシラーの美学思想にいきなり立ち向かうのではなく、それが誕生した時代と生成過程から追求していきたい。ただあらかじめ断っておきたいことは、以下の伝記的記述については全面的にブルシェル (F. Burschell, Friedrich Schiller, 1958)、ブーフヴァルト (R. Buchwald, Schiller, [4]1959)、

ネッカー河畔マールバハ。A・ザイファーによるペン画、一八一三年。

マールバハのシラーの生家。シラーの子孫L・グライヒェン＝ルースヴルムによるチョーク画、一八五九年。

ヴィーゼ（B. von Wiese, Schiller, 1978）らの研究に負うていることであり、これら著者に謝意を表しておきたい。なおまたシラーの論文や作品の邦訳としては、浜田正秀訳『美的教育』玉川大学出版部刊、石原達二訳『美学芸術論集』冨山房刊、内垣啓一他訳『シラー名作集』白水社刊などがあるので、その一部でもよいからぜひ繙いてほしく思う。シラーの書いたものを直接読むことが何よりも肝心だと考えるからであり、本講座はそこへ導くための手引きに過ぎない。

一、修学時代

フリードリヒ・シラーは一七五九年十一月十日、ネッカー河畔のマールバハに生まれている。マールバハはヴュルテンベルク国（ドイツ南西部シュヴァーベン地方）の古い町だが、シラーが生まれた時、父ヨーハン・カスパール・シラーはそこにいなかった。ヴュルテンベルク公カール・オイゲンの歩兵連隊の陸軍少尉として従軍中であった。当時はプロイセンがオーストリアとロシアとルイ十五世下のフランスを相手に戦ったいわゆる七年戦争の最中であり、カール・オイゲン公はオーストリア軍に加わっていたのである。周知のようにこの戦いはプロイセンが奇跡的に逆転勝利をおさめ、フリードリヒ二世は一七六三年春ベルリンに凱旋し、これを契機にプロイセンは大国の仲間入りしたのであった。このためフリードリヒ二世は後にフリードリヒ大王と呼ばれるようになる。

カール・オイゲン公。当時のパステル画。

シラーの父は軍人であるからして規律を重んじる厳格な人であったが、また信仰心の篤い敬虔な人物であったようである。シラーには二歳上の姉クリストフィーネがいたが、第二子に男子が授かったことを彼は神に感謝し、この一人息子(後に二人の妹が生まれている)の教育にはことのほか熱心であった。シラーは生涯この父を尊敬していたが、しかし一方では父にはかなり短気なところがあり家庭では暴君だったようで、母がその犠牲者であった。なおシラーの顔貌は敬虔派の熱烈な信者であった母親の方を受け継いでいた。父親が大尉に昇進して帰郷してから一家は一七六三年の暮れにロルヒ村に移り住み、そこで五歳になった時シラーは村の学校に通い始める。かたわら翌年から牧師フィリップ・ウールリヒ・モーザーのところにラテン語を習いに通う。高潔なモーザーの人柄に少年シラーは強く惹かれたようであり、後にロルヒで過ごした三年間はまるで理想郷《エリージウム》にいるような幸せであったと懐かしがっている。

　シラーが七歳のとき父の駐屯地が首都ルートヴィヒスブルクに転じたため、一家もそこに移り住んだ。その年、派手好きで虚栄心の強いオイゲン公は、そこにシュヴァーベンのヴェルサイユと呼ばれたフランス・ロココ風の宮殿を建て、その完成を機にフランスやイタリアから歌手や舞踊手を招いて、祝典やら見本市やら仮装舞踏会やらを催した。少年シラーは牧歌的な田園から騒々しく華やかな都会へ出てきたわけだが、一家の生活は喧噪と贅沢とは別の静かで新教徒の清貧のものであったことは言うまでもない。シラーは町のラテン学校に通っていたが、ラテン語文の丸暗記に追われ、父も厳しかったのでひたすら勉学に励む青白い少年であった。もっとも良い成績を取った時に

シュトゥトガルトのカール学院の中庭。K・Ph・コンツの素描に基づく銅版画。

は、父に町のオペラハウスに連れていってもらったようである。こうして神学の勉強を志すどちらかといえば平凡な七年が過ぎ、十三歳の堅信礼を受けてからしばらくたった一七七三年一月十六日、シラーはカール学院（Karlsschule）に入れられ、これがシラーの生涯にとって決定的な意味をもつことになるのである。

　カール学院はカール・オイゲン公が士官と官吏の養成を目的として設立し、みずから校長を務めた学校である。オイゲン公は年を重ねるに従って放縦な生活を改め真面目に国政に取り組みだし、一七七〇年に戦死した軍人の子供の教育のためシュトゥトガルト近郊の幽静城（Schloß Solitude）に軍孤児院を設けた。これを翌年、戦争に勝つためには近代的な戦法を教育する必要があるとして軍訓育場に改め、さらに一七七三年三月、一七六一年に設けた技術学校と合わせて兵学校（Militärakademie）とし、一七七五年暮れにはこれをシュトゥトガルトに移して大学なみに拡充し、高等カール学院としたのであった。シラーの父はオイゲン公から息子を学費無料の軍訓育場に入れるよう要請された時、息子は牧師にするつもりですからといったんは断ったものの、重ねて法律でも学ばせればよい、いずれは息子をプロテスタント宗教局にでも入れてやろうと言われて、抗しきれずシラーを幽静城に送り出したのであった。シラーはもとより逡巡したものの、親の立場を思って従ったのである。

　軍隊式の教育を標榜するカール学院は命令と規則ずくめであり、祭日や休暇もなく、世間とは没交渉の別世界をなしていた。その門が開かれるのは監視づきで行われる義務としての散歩の時だけであり、両親の面会にもいちいちオイゲン公の許可が必要であっ

Zwölfte Abtheilung

Stunden	7–8	8–9	9–10	10–11.	2–3	3–4	4–5	5–6.
Montag	Praepa 6	mathem Hahn	Franz	Tanzen	Roth 5	zeich: 5	Kriegsoff.	Englisch
Dienstag	Praepa 5	Philoso Abel	Geschicht Schott	NaturR.	Geogra:	Reiten	Praepa: 2	mathem
Mittwoch	Praepa 6	Philos:	Mathe:	Repetio 5	Franz	Religio	Englisch	Repetio
Donnerstag	Praepa 7	Philoso	Geschi:	Kirch	Schreib	Math:	Praepa:	Kriegs
Freytag	Praepa 7	Philoso	Mathe	Fechten	Geschi:	Praepa 7	ation 7	Mathe:
Samstag	Roth 1	zeich: 1	Schreib	Natur Recht	Geogr:	Franz 2	Geomet	r: Zeich 2.

高等カール学院の一七七四年のものと推定される時間割表。

たため、特別なことでもない限り訪ねる親はいなかった。夏は五時、冬は六時に起床、下士官の監視のもとに寝床を整え洗面。広場まで整列行進して早朝点呼を受けた後、食堂でパン入りスープあるいは小麦粉ポタージュの朝食。七時から十一時まで授業。それからプロプルテと呼ばれる清掃、正装に着替えて昼の点呼、昼食。昼食後は散歩と教練。十四時から十八時まで授業、終わってまたプロプルテ。規定の自習をし、夕食後直ちに就寝。ほぼこのような日々が二十一歳の誕生日を過ぎた一七八〇年十二月十四日まで八年間続いたのである。

最初の年はギリシア語やラテン語では優秀な成績を挙げ、他の学科目もそう悪くはなかったが、二年目、三年目となるにつれて段々成績は下がっていった。一七七四年のものと推定される時間割表が残されているが、それをみると舞踊、乗馬、フェンシングなどの科目があり、シラーはこれらが全く苦手であった。もともと体の丈夫な方ではなかったのが、過酷な軍隊式教育に疲れ果てて病気がちになり、これが成績の低下を招いたと思われる。つまり環境にうまく適応できなかったのであり、最初の二年間で七回病室に入り、一度は五週間ほど休んだとのことである。

実際カール学院の規律は厳しく、校則違反が見つかるとビレットと呼ばれる切符を教師から手渡され、その枚数によってオイゲン公から技打ち、棒打ち、禁食事など程度を異にする罰が下された。シラーもパンを付けで買ったとか、クリスマスイブに二人の友人とコーヒーを飲んだとかで罰せられている。またオイゲン公は一七七四年秋に、自分自身と同学科の仲間について、神・大公・上官に対する態度、才能、清潔などを報告せよといった意地悪な、答える側からすれば精神的苦痛の伴う、課題を出している。シラーは四十数名の級友について逐一報告した後、自分自身についても述べているが、ちなみにその一部を紹介すれば、次のようなものである。

大公閣下、宗教のきまりに従い私を判定して下さい。私にはしばしば性急なところ、軽率なところのあるのを見出されましょう。……閣下、仲間のなかにいる私を見て下さい、仲間たちから、いかに私がこれまで彼らに対抗するべく振舞ってきたか調べて下さい。閣下は私が強情で興奮しやすく、いらいらしているとお聞きになるに違いありません。とはいえ彼らは私の誠実さ、律義さ、よき心根を褒めるでしょう。しかし私の持っている長所につきましては、私はこれまで義務的なこと以外に行使しませんでした。さて私は自分のせいで不満によって圧迫されているのが分かりましたが、私だけがいくらか弁解を見出すことができるのでして、身体が苦しんでいる時には、またそれによって精神力も苦しんでおり、意志も肉体の虚弱によってしばしば遂行するのを妨げられるのです。なおまたこれまで私は身体の清潔を、自分の責任とは考えておりませんでした。閣下、この過失をどうかお赦し下さい、そして両親と私自身が閣下から受けました御慈悲を想い起されますようお願い申し上げます(ハンザ版全集第五巻二三九〜二四〇頁)。

もっともオイゲン公はただ厳しいだけでなく、生徒を「わが息子たち」と呼んで可愛が

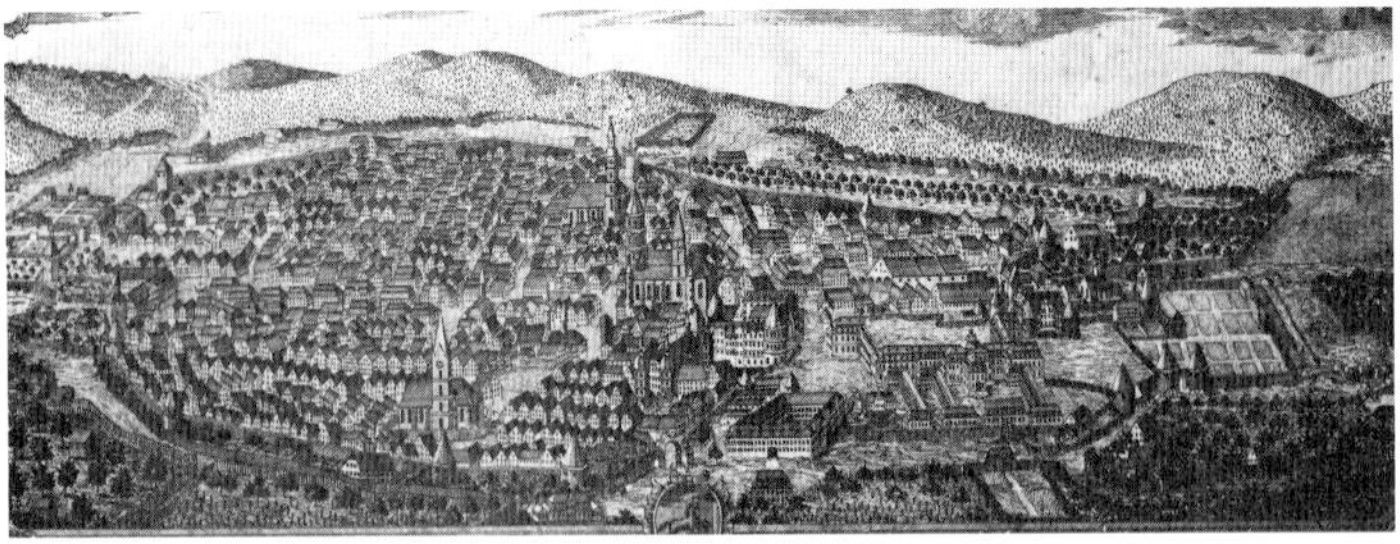

シュトゥトガルト全景。J・H・クレチュマーによる銅版画、一七六二年。

り、成績の優秀な者や善行に対しては大いに褒めたり表彰したりした。シラーはオイゲン公に対して愛憎半ばする複雑な感情を抱いていたようである。

前に触れたようにカール学院は一七七五年十一月十八日にシュトゥトガルトの中心部に移ったが、シラーはこの時、新たに設置された医学科に転じている。転じた理由は、友人シャルフェンシュタインの語るところによれば、医学が好きで選んだのではなく、単に一時の発作で選んだが、この学科がより自由であると考えたか、あるいはそこに配置された教師が好きだったからであるという。シラー自身は前掲の引用文に続く個所で、目下法律学を学んでいるが本当は神学を勉強したいとオイゲン公に訴えている。すでにクロップシュトックの詩に親しみ、自身でも詩作を始めていた文学少年にとって、どうやら法律学は肌に合わなかったらしく、回復不能なほどその成績は落ち込んでいた。新しい学科ならば最初から出直せるわけであり、それに前々から慕っていた哲学・心理学・道徳担当の教師ヤーコプ・フリードリヒ・アーベルが医学科に配されたことが主な理由であったとしてよい。実際アーベルを通じて、シラーはシェイクスピアの演劇を知り、それに熱中して、みずから戯曲を書くほどになっていたのである。

当時の医学教育の内容がどのようなものであったのか審らかにしないが、まずもって病状の客観的観察が基本であることは間違いなく、これは人間観察に通ずるところがある。この点で自己の創作活動に役立つと考えたのかもしれない。それはともかく一七七九年秋シラーは『生理学の哲学』と題する卒業論文を提出するが、一部では高く評価されたものの結局これは受理されず、さらに一年間学院に留まって書き直し、翌一七八〇年十一月、題も『人間の動物的本性の精神的本性との関連についての試論』と改めて提出し、無事卒業する。いまこの卒業論文の内容について触れる余裕はないが、表題から推察されるようにこれはいわゆる医学論文というよりもむしろ哲学的人間論であり、シラーが後に展開する思想はここにすでに胚胎しているのである。

シラーの美学思想（二）

一、修学時代（承前）

それではカール学院での青春生活はシラーの人生にどのような意義をもっていたのであろうか。まず何よりも早朝から夜までの規則正しい授業と生活によって、集中的な学習の習慣を身につけたことが挙げられよう。シラーは後々まで旺盛な勉学心を持ち続け、特に歴史や美学の研究では身体を壊すまで滅茶苦茶と言ってよいほどそれに打ち込んでいるが、これは若い時の学院でのスパルタ教育の経験が支えになっていると言ってよい。次に自由の価値を知ったことであろう。人は外的に強制された不自由な生活を送ることによって、はじめて自由の貴さを実感できるのである。シラーは最も自由な人と考えた詩人になりたいと熱望して実際にそれになり、また生涯を通じて自由を尊重したのは、カール学院での軍隊的生活の反動と言ってよい。さらにまた友人の大切さを実感したのもカール学院での共同生活を通してであった。そこにおいてともかく落ちこぼれず、孤独に落ち入ることもなく済んだのは、親友のお陰であった。やがてシラーは隠しだてのない無条件の信頼にもとづく友情に、人生の至高の価値を置くようになり、実際に後々そのような友情のなかから創造的な仕事が発展することになるのである。

最後に厭世的な人生観、あるいは運命的死生観とも言うべきものを若い時に抱いてしまったことがある。カール学院で病弱であったシラーは病気で苦しむよりもむしろ死んでしまいたいと思ったことがあったに違いない。また医学生としてしばしば死を直視したことであろう。特に一七八〇年七月、年少の頃からの親友アウグスト・フォン・ホーフェンの臨終の場に立ち合ったことは衝撃的な体験であった。数日後の姉への手紙のなかで、「あえて言わしてもらえば、彼のためなら私は喜んで死にます。というのも私は彼を深く愛していましたし、人生は私にとり今も昔も重荷だからです」と書き、アウグストの父親に対しては、「あなたは御子息を一体お失ないになったのでしょうか――お失ないに――。彼は幸せであったのでしょうか、そして今はもうそうではないのでしょうか。彼は気の毒なのでしょうか、あるいはそうではなくてむしろ羨むべきなのでしょうか」と書き送っている(国民版全集第二十三巻、十一、十三頁)。これは取りもなおさずシラーが人生を苦渋に満ちたものとみ、死をそれからの救済とみていたことを意味するが、それだからこそシラーは死をおそれず、その分だけ一層、生の燃焼に駆られていったのである。

二、『群盗』から漂泊へ

カール学院を卒業したシラーは、オイゲン公の世話により、すぐさま連隊付き軍医と

マンハイムの国民劇場。クラウバー兄弟による銅版画、一七八二年。

W・H・ダールベルク。ブルメスターによる陰絵。

なった。ところがこれが月給わずか十八グルデンの薄給であり、しかも配属された先がシュトゥトガルトのアオゲの選択歩兵連隊であった。この連隊は四百二十人の隊員のほとんどが傷病兵、身障兵であり、彼らがシュトゥトガルトの街路をボロ服で物乞いして回るものだから、当時身なりの悪い人は「アオゲの人」と言われたほどである。それでも最初シラーは医者の勤めを正直に果たそうとしたが、やがて医学の知識に欠けるところのあること、それよりも、そもそも医学に対して全然興味のもてないことが分かり、逆に最も想像力を必要とする詩作、それも観念的色彩の強い叙情詩の創作に熱中するようになった。

一七八一年春先、シラーはカール学院時代にほぼ書き上げていた戯曲『群盗』(Die Räuber)を仕上げて出版しようとした。これによっていくばくかの収入を得、また世間の批評を知りたいと思ったからである。しかし結局これを引き受ける出版社が見つからず、匿名で自費出版するはめになり、そのための百五十グルデンの借金には後々まで苦しむことになった。けれどもこの戯曲は、これを送ったマンハイムの出版社主シュヴァンを通じて、そこの国民劇場の興業主ダールベルクの知るところとなり、上演の機会をつかんだのである。シラーはダールベルクの意見というよりも要求を受け入れて、場面を現代から十五世紀の騎士時代に移したり、過激な台詞を穏健なものに代えたりして上演台本を作った。これが一七八二年一月十三日上演されるや熱狂的な喝采を浴びたのであるが、これはいかなる理由によるのであろうか。

『群盗』の素材は同郷の作家シューバルトが一七七五年に発表した全く性格を異にする

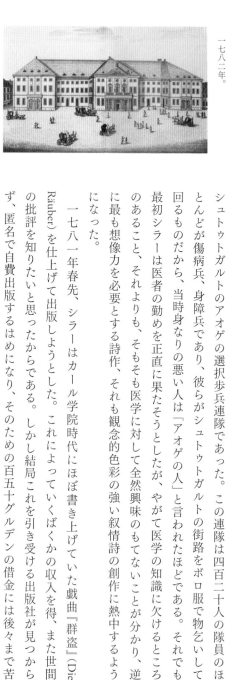

兄弟間の葛藤の物語から取っている。場面はフランケンにあるモール伯爵の城にて、悪逆非道な次男フランツが、ライプツィヒにいる美しく才能豊かな兄カールを奸計を用いて誹謗し、父モールに兄を勘当させようとするところから始まる。すなわち最初から嫉妬と憎悪に燃える悪漢が登場し、兄の恋人アマーリアにも類似の策略を使って兄からの離心を計り、兄には嘘八百を並べた手紙を出す。一方、戦争が終わって軍人をいわば失業したカールは、フランツの計略にはまってしまい、盗賊団を組織して隊長に収まり、殺人・放火・掠奪に時を過ごすが、アマーリアに会いたくてフランケンに帰ると、プラント伯爵と身分を偽って今はフランツが主君に収まった城に入り込む。そして幽閉された父を助けだし、代わりにフランツを投獄すると、最後に仲間の盗賊たちを裏切らないために、アマーリアを見捨てるが、ついにはそれに忍びなく、己れの剣で刺し殺して終わる。

この簡単な筋書きからも、これが陰謀と裏切り、憎悪と復讐、呪咀と慨嘆の渦巻くスペクタクル活劇であることが推察されようし、実際、舞台には奔放で激しい情念が横溢している。例えばカールが戦争の終結を嘆く台詞、

戦争が終った、ドイツに平和が回復した！――ドイツよ、おまえの額には不吉な烙印が押されたんだ――剣を捨てて鵞ペンを取れか――いやだ、おれはそんなことはいやだ！――この肋骨《あばらぼね》を細身のチョッキにつつみ、この心臓を法律のコルセットでしめあげるなんて――平和なドイツ！　鷲のように大空を翔《か》けたかもしれないおまえを、かたつむりのように地面に這わせる平和に呪いあれ。――偉大な、い、い、い、

な男が平和に育てられたためしがあるか、戦争こそ偉人と英雄の母だ！……（内垣啓一訳、第一幕第四場）

あるいは父の復讐を誓う台詞、

復讐だ、復讐だ、父上の復讐だ！　言語道断の辱しめを受け、神聖を汚された老人のために！　おれは今日かぎり、永久に兄弟の絆を断つぞ。（自分の着物を上から下までひき裂く）このとおり、おれは大空を仰いで、兄弟の血の最後の一滴までも呪うぞ！　聞け、月よ、星よ！　聞け、かつて恥ずべき行ないを見くだした真夜中の天よ！　聞け、月のかなたに君臨し、星のかなたまで仇をむくい、呪いをくだし、夜空に炎を放つ怒りの神よ！　おれはここにひざまずき――三本の指をすさまじい闇のなかに高くあげて――誓いをたてる――もしおれがその誓いを破ったなら、自然はおれを悪獣怪物なみに、そのらちの外へ吐きだすがよい、おれは誓うぞ、父親殺しの血がこの石の上にほとばしり、陽炎《かげろう》となって太陽に達するまでは、二度と日の目を仰がぬことを！（同、第四幕第十八場）

をみれば、その激情の表出の一端が窺えよう。

『群盗』の内容は複雑であり、単純に近親憎悪の宿命悲劇とも言えないが、その基調となっているものは因習的なもの封建的なものに対する若者たちの反乱であり、これが当時の若い観衆にアピールした理由であろう。確かに時代は変わりつつあり、権力の世襲制度や絶対王制に対する疑義が拡がり始めていたのであって、事実これから七年後隣国フランスではかの大革命が勃発し、ブルボン王朝があえなく崩壊したことは周知の通りである。

ところで『群盗』は、啓蒙主義の合理的精神ではなくて、暗くて非合理的な感情によって貫かれているため、シュトゥルム・ウント・ドラング（疾風怒濤）の代表作と目されているのであるが、実際、人間の心理と社会の仕組みについての深い洞察をもとに劇的対立と緊張を盛りあげていく巧みな作劇術は、到底ハイティーンの作とは思えないほど見事なものである。ところがシラーはこの作品の成功に慢心するどころか、次に何を創るかその計画で頭が一杯になり不安に駆られたというのだから、これこそ天才の心境にほかならない。種々の案のなかから、イタリアのジェノーヴァの貴族フィエスコ（ca. 1524〜1547）の謀叛を題材にした歴史劇を書き始めているが、シラーの方法は歴史を調べて劇になりそうな史実がみつかると、全体の筋書きは後回しにして、すぐさまその場面を書くというものであった。

さてシラーは自作が上演される際、マンハイムにそれを観に行ったことは言うまでもない。友人ペーターゼンと一緒に密かにシュトゥットガルトを抜けだしたのであった。そればかりかオイゲン公が留守をしていた五月末に、再び許可を得ずにマンハイムに出掛けた。しかもこの時は友人の母親フォン・ヴォルツォーゲン夫人と、シラーの寄宿兵舎の女主人ルイゼ・フィッシャー未亡人を同伴して訪れ、ダールベルクの歓待を受けたの

逃亡途上のシラーとシュトライヒャー。M・シュティーラーによる油彩画、一八五〇年頃。

である。これがオイゲン公の知るところとなり、軍刀の剝脱、十四日間の拘留の処罰を受けた。もちろん国外、つまりマンハイムとの行き来も禁止された。そればかりかスイスから『群盗』の中の台詞に不当な箇所があると抗議を受けて、怒ったオイゲン公は医学関係以外の文章、つまり戯曲や詩の発表を禁じたのである。これればかりは耐え難かったシラーは、事前に検閲を受ける条件で発表の許可を請願したが、これが拒絶されたのを知ると、ロシアのパウル大公の歓迎祝賀会の行われていた九月二十三日夜、ヴュルテンベルク国からの逃亡を断行したのである。

この時シラーを手助けしたのはカール学院の二年後輩の友人アンドレーアス・シュトライヒャーであった。彼は若き音楽家であり、翌年春音楽の勉学のためハンブルクに行く予定を立てていたのであるが、シラーの計画を聞くと、今秋行く必要があると母親を説得して、シラーに同行したのである。逃亡の用意万端を整えたのはシュトライヒャーであり、この友人の助力なしにはシラーがかかる冒険に乗りだしたかどうかは疑わしい。いずれにせよ自由のために、今やシラーは故郷と家族を後髪を引かれる思いで後にし、爾後、諸国をさすらう浮草の生活を続けるのである。

二人が目指したのは当然ながらマンハイムであった。ところが頼りにしていたダールベルクはオイゲン公に招待されて歓迎祝賀会に出席しており、マンハイム劇場の演出家マイアーは当惑してすぐシュトゥトガルトに戻るよう勧める始末であった。そこの知友を前に『フィエスコ』を朗読してみたが、シュヴァーベンの発音であったため全く受けなかった。そのうちオイゲン公が逃亡者を追跡させているという噂が耳に入ったので、二人は急遽マンハイムを出て、二日かかってフランクフルトに辿り着いた。

そこからシラーはダールベルクに『フィエスコ』の上演を頼み、前借りを申し込むが、拒否される。仕方なく詩を出版社に売って生活の糧を得ようとするが、シラーが二十五グルデンの謝礼を要求するのに対し、出版屋が十八グルデンしか出せないというと、大いに困窮しているにもかかわらず、自分の詩はそれほど安くはないと売るのを断るのであった。結局シュトライヒャーの母親からの援助で何とか糊口を凌いだのである。

ともあれ物価の高いフランクフルトに長く滞在するのは困難なため、二人はやがてマンハイムの友人の勧めで、マンハイムの近くの小村オガルスハイムに移る。そこの質素な宿屋にシラーはシュミット博士、シュトライヒャーはヴォルフ博士という偽名で二か月ほど逗留するが、その間二人はほとんど外出することなく、シラーは新しい戯曲を書き始め、また『フィエスコ』をマンハイム劇場での上演用に書き直したりして過ごした。

ところでまたマンハイムにヴュルテンブルク国の将校が姿を見せているということで、シラーは逃亡を勧められる。今回はフォン・ヴォルツォーゲン夫人からテューリンゲンの一寒村バウアーバッハに所有する隠れ家の提供を受けた。そこでシラーはシュトライヒャーと別れて七日間の旅を続けた後、一七八二年十二月七日、雪に埋まったバウアーバッハに到着したのであった。そこは静寂が支配しており、誰にも煩わされることなく、執筆のためには天国のような所であった。シラーは早速、市民悲劇『ルイーゼ・ミレリン』――これは後に上演される際に『たくらみと恋』(Kabale und Liebe) と改題された――を書き上げたが、この作品はオイゲン公に対する一種の復讐と言ってよいのである。

ライン河左岸から見たマンハイム。J・リーガーの写生に基づく銅版画。

三、不運と幸運と

『たくらみと恋』は町のヴァイオリン弾きミラーの娘ルイーゼと、貴族で宰相の息子フェルディナントとの悲恋を主題にした市民悲劇である。これがオイゲン公に対する復讐であるという意味は、単に封建的な階級差別のもたらす悲劇的葛藤を描いたというだけでなく、宰相や直接登場しないが大公の横暴と道義的腐敗とを暴露し、彼らを風刺し嘲笑しているからである。オイゲン公の専横な振る舞いはかの地を離れてみて一層よく見えてきたのであり、シラーは舞台を現代にとって誰にも妨げられることなく存分に筆を揮ったのである。他方この戯曲が身分の違いに過度に拘泥して恋を諦めるルイーゼの姿を通して、因襲と権威に唯々諾々と従って全く自己主張をしないことが結局、身の破滅に至ることを明らかにし、そのような市民のありようを暗々裡に糾弾していることも確かである。つまりシラーは市民に身分社会からの解放を間接的に促しているのであり、それ故に革命的青年詩人と呼ばれることになるのである。

それはともかくバウアーバッハにおいてシラーは専ら読書と思索、散策と詩作のうちに日々を過ごした。そこで唯一人親交を結んだのは近くのマイニンゲンの司書ヴィルへ

フリードリヒ・シラー。マンハイム時代の油彩画。

ルム・ラインヴァルトであった。シラーよりも二十歳以上年長のラインヴァルトは、シラーの才能を素早く見抜き、書簡のやりとりや図書の貸し出しの便宜を計って面倒をみており、シラーの方も兄のように慕っている。実際ラインヴァルトは後にシラーの姉クリストフィーネと結婚し、義兄になるのである。

一七八三年春、すでに書き上げてあった『ジェノーヴァのフィエスコの叛乱』をマンハイムの書肆シュヴァーンから出版した。これの上演を拒否していたマンハイム国民劇場興業主ダールベルクは、どういう風の吹き回しか、完成を急いでいた市民悲劇『たくらみと恋』の方には興味を示し上演したいと言ってきた。シラーは上流階級に対する風刺や揶揄のほかに、喜劇的なものと悲劇的なものが交錯する欠点があるので上演には向かないのではないかと婉曲に断っている。しかしラインヴァルトやヴォルツォーゲン夫人の、若い身で辺鄙な田舎に隠棲する場合ではないという忠告に従い、七月末急遽バウアーバッハを引き払いマンハイムに戻った。そしてダールベルクと三百グルデンで年間三作の戯曲を提供する契約を九月一日付で結び、マンハイム国民劇場の座付作者になったのである。

シラーは勿論この地位に満足したのであったが、やがて不運なことに、当時マンハイムで流行っていたおこり (das kalte Fieber) と呼ばれる疫病に罹り、一か月近く寝込んでしまった。しかもこれを治すのに断食療法に頼ったために著しく疲弊してしまった。この疾病は今日の医学からすればどうやらマラリヤであったらしく、実際シラーは後々までその悪寒発作の再発に苦しめられるのである。

シャルロッテ・フォン・カルプ。J・ティシュバインによる油彩画。

病を押してシラーは上演用台本を書き続け、『フィエスコ』は一七八四年一月十一日マンハイム国民劇場で上演された。『たくらみと恋』は同年三月シュヴァーンから出版され、四月十五日同劇場で上演された。前者は全市民を圧制から解放しようとする熱烈な共和主義者フィエスコの野望を描いた歴史劇であるが、あまり観衆に受けず、シラーは「共和主義的自由はここプファルツ国では意味のない響きであり、空虚な名です」とラインヴァルトに嘆いている。これに反して後者は若い観客から熱狂的支持を得、その後ドイツ各地で度々上演されてシラーの名声を高めた。

シラーはダールベルクとの契約に基づく第三作目として、フランスのサン・レアルの小説にヒントを得てスペイン王フィーリップ二世の王子ドン・カルロスとその継母にあたる王妃との悲恋を主題にした戯曲に取り組んでいた。しかしこれが契約期限内に完成せず、それのみが理由ではないけれども、ダールベルクに契約更新を素っ気無く拒絶されてしまう。契約金を当てにして借金をしていたシラーはたちまち困窮し、多少なりとも収入を得ようとして演劇を中心とする文芸誌『ラインのタリーア』(Rheinische Thalia)の発刊を広告するが、何の反響もない。ともかく生活費の嵩むマンハイムを脱出しなければならない。それにマンハイムはプファルツ国の選帝侯カール・テーオドールがミュンヘンに王宮を移してから活気を失いつつあり、またそこの俳優たちも嫉妬心から何かと意地悪をするので、生活が楽しめなくなっていた。このような訳で思い余ったシラーは以前夏にライプツィヒから未知の四人の連名で届いていた一通のファンレターを思い出し、七か月も挨拶をしなかった詫状を書き送ったところ、できるだけ早くライプツィヒ

クリスティアン・ゴットフリート・ケルナー。ドーラ・シュトックによるパステル画、一七九二年。

に来ませんかという返事を貰ったのであった。ところがシラーは当時ヴォルツォーゲン夫人の紹介でシャルロッテ・フォン・カルプ男爵夫人と知り合い、ダルムシュタットの宮廷に招かれて折からそこに滞在中のヴァイマルのカール・アウグスト大公の面前で自作『ドン・カルロス』第一幕を朗読したりしているうちに、この二歳年下の豊満で情熱的なカルプ夫人を愛するようになっていた。しかしこの恋愛は所詮いわゆる不倫の関係であるからシラーは苦悶し、これがマンハイムからの離脱を遅延させると同時に最終的にはそれを決意させた理由としてよい。なお翌年発表される「情熱の自由思想」(Freigeisterei der Leidenschaft) と「諦め」(Resignation) の二篇の抒情詩は、この時の恋の苦しみと克服を歌ったものとされる。またアウグスト大公に謁見した翌日シラーは大公から直筆で顧問官の位を授与されているが、『ラインのタリーア』の広告文の中で「私はいかなる宮仕えもせず、世界市民として物を書く」と宣言していたにもかかわらず、これはマンハイムの連中に対するお守りのように思えて嬉しかったようである。

ともあれ一七八五年四月、八日間の旅に疲労困憊してライプツィヒに辿り着いた。先述の四人とはまだ二十一歳のルードウィヒ・フェルディナント・フーバー、シラーより三歳年長のクリスティアン・ゴットフリート・ケルナー、それぞれの婚約者ドーラ・シュトック、ミナ・シュトック姉妹であるが、ザクセン官庁に法律家として勤務していたケルナーはドレスデンに居住していたので、シラーを迎えたのはフーバーとドーラ、ミナ姉妹である。書簡のやりとりはあったものの、全く見ず知らずの町への移住は冒険と言わねばならないが、三人の温かい歓迎を受けてたちまち打ちとけた団欒が始まった。五

ライプツィヒ中央広場。Ch・G・H・ガイスラーによる水彩画。

月半ばシラーは三人と一緒にライプツィヒ近郊の避暑地ゴーリス村に小さな農家を借りて移り住み、あのバウアーバッハの時のような田園生活を楽しんだ。そこにケルナーの友人で出版屋のゲッシェンが加わり一段と賑やかになった。ケルナーとは四人と一緒にライプツィヒの近くのカーンスドルフで初めて出会った。そこの親戚を訪ねに来ていたケルナーは、初対面のシラーに結婚を控えて新しく整えたドレスデンのわが家に来ないかと招いた。このような親切と友情に接してシラーは幸福で天にも昇る心地がした。なかでもケルナーは若くしてライプツィヒ大学の哲学と法律の私講師を勤めたほどの学識と教養の持ち主であり、芸術愛好家であった。単に一時期シラーの生活の面倒をみたというだけでなく、後々までもシラーとの間に夥しい数の書簡を交わし、シラーの思想と創作の発展に計りしれぬ寄与をしたのであって、かかる人物を友人に持ち得たことはシラーにとって誠に幸運と言わねばならない。

八月七日ライプツィヒで結婚式を挙げたケルナーとミナはドレスデンへ帰って行ったが、招きに応じてシラーも九月十一日ドレスデンに赴いた。そこでは最初、近郊のロシュヴィッツに住んだ。エルベ畔のそこにはケルナーの所有する葡萄山があったからであるが、十月末には市内のケルナー家の筋向かいの家に落ち着いた。友情と同朋愛を歌ったかの頌歌「歓喜に寄す」(An die Freude)が書かれたのはこの頃である。後にベートーベンが第九交響曲の合唱部にこの長篇詩の一部を取り入れたため、シラーの多くの詩のなかでこれが最もポピュラーになったことは改めて言うまでもない。

さてシラーはドレスデンに二年近く滞在するのであるが、この間、最も心血を注いだ

ドレスデン全景。パットンによる銅版画。

のはすでに一部は出来上がって発表していた『ドン・カルロス』の完成であった。シラーにとっては異例なことに、結局これには五年近くの歳月を要しており、最初の構想も度々修正と変更を受けている。すなわち宮廷における王子と王妃との恋愛を主題としていたのが、最終的には政治的・宗教的自由の理想を追求する思想劇と称してもよいものとなっている。この変更は特に王子の友人ポーザ侯が、主人公カルロスと並ぶ重要な役割を持たせられているところに顕著であり、この長大な戯曲の内容をここで紹介する余裕はないが、例えばポーザ侯が初めてフィーリップ王と謁見して、王を説得しようとする第三幕第十場の次のような台詞に、この戯曲の思想の一端を窺えよう。

《そのおことばを承わるにつけても、陛下が人間の価値というものを、ひどく卑小にお考えになり、自由な人間のことばにさえ、へつらい者の手管《てくだ》しかおみとめにならないということが窺われるのでございます。しかし、それも無理からぬことではございます。人間どもが、陛下をそのように仕込んだのでございます。かれらはすすんで自己の尊厳を放棄し、すすんで低い段階に身をおとしました。かれらは自己のうちなる偉大さを、幽霊にでも出会ったかのように恐れ、みずからの貧弱に甘んじて、卑怯な知恵でかれらの鎖を飾りたてました。そして、その鎖を殊勝らしく身につけることをもって、徳だなどと称しております。》

《すばらしい自然をご覧ください。自然は自由の上に築かれております――そ

『新タリーア』一七九三年第一巻。一七八六年〜九一年まで『タリーア』、一七九二〜九三年まで『新タリーア』として刊行。

して、自由によってなんと豊かにされていることでございましょう。造物主は一滴の露の中にも虫けらを住まわせ、腐ったむくろの中にさえ蛆虫《うじむし》の蠢動《しゅんどう》を許しております。――それに引きかえ、陛下の世界はなんと窮屈で貧弱なことでございましょう。キリスト教世界のあるじともあろうお方が、木の葉のそよぎにもおののき――すべての徳にたいして戦々競々《きょうきょう》としておられます。造物主は――自由のうるわしい発露をさまたげまいとして――その世界におそろしい害悪のはびこることさえいといません――造物主は永遠の法則の中につつましく身をひそめており、ひとはその姿をみとめることができません。その法則を見て造物主を見ない無神論者は、神は無用のものであり、世界はそれだけで十分だと申します。そして、この無神論者の冒瀆こそ、いかなるキリスト教徒の信仰にもまして、神をたたえるものでございます。》(北通文氏の訳による)

ともあれ前三作においてシラーは時代の退廃精神を摘出してこれに批判を加えるだけであったのが、ここでは未来へ向けて人間の理想を掲げ、それの実現を追求する建設的内容が織り込まれており、これの内包する思想は今日といえども古びるどころかますます輝きを増しているように思われる。

マンハイム時代に企画した文芸誌『ラインのタリーア』は結局一七八五年三月に一冊刊行されただけであったが、ドレスデンにおいてはゲッシェンの援助を得て新しく『タリーア』誌を不定期ながらも発行し続けることができた。『ドン・カルロス』の一部もこれに発表したのであったが、その外の主だった作品を挙げれば、第二号に短篇小説『誇りを汚された犯罪者』(Der Verbrecher aus verlorener Ehre)、第三号に『哲学的書簡』(Philosophische Briefe)を発表し、第四号から第八号にかけて長篇小説『招霊妖術師』(Der Geisterseher)を連載している。この最後のものは『タリーア』の売り上げを高めるために、時事問題を題材に徹底して面白い読物たるべく書かれた恐怖小説であり、実際にこの目論見は当たって大いに売り上げは伸びたようである。一七八九年十一月単行本となってからもよく読まれ、シラーの名を世間に広めた(訳書は石川實氏の翻訳で国書刊行会から出版されている)。

ケルナー家に寄寓して一年半ほど経った一七八七年春、シラーは何とはなしに憂鬱になった。毎日のようにケルナーに会っていると、シラーは学識の点でケルナーに及ばないことをいやでも知らされた。勉学の必要を痛感して歴史研究を始めてみると、なぜもっと前から取り組まなかったかといった後悔の念が浮かんでくる。それにいつまでもケルナーの世話になっているのは、自尊心の強いシラーには堪え難くなってきた。さらには安寧のうちに憩うこともできず、つねにより高い困難な展開を求めてやまない天才特有の焦躁感が、ドレスデンの地を砂漠のごとく思わせた。といった訳で、一七八七年六月『ドン・カルロス』が出版されたのを機に、七月末シラーは唐突にヴァイマルに向けて出立したのであった。

ヴァイマル全景。C・ミュラーによる銅版画。

四、ヴァイマルからイェーナへ

一七八七年七月末ヴァイマルに向けて出立した時、シラーには必ずしも明確な目論見があった訳ではない。ただ一時《ひととき》ドレスデンを離れたかっただけであり、長旅に出るような心づもりであったが、後にみるように再びそこに帰ることはなかったのである。ヴァイマルを目指したのは、そこのアウグスト大公から顧問官の位を授与されていたからであり、またその地で活躍していた三大文人――ヴィーラント、ヘルダー、ゲーテ――に会いたかったからであり、さらにはそこにカルプ夫人がいたからである。

ヴァイマルに来てみると、アウグスト大公はネーデルランドに旅行中であり、ゲーテはイタリアに行っていて当分帰ってこないと聞いて、シラーはがっかりしたのであった。シラーは一度まだカール学院にいる時だが、一七七九年の創立記念日に若きアウグストと共に列席したゲーテをまのあたりにしていた。その時すでにゲーテは歴史劇『鉄人のゲッツ』、小説『若きヴェルテルの悩み』によってシュトウルム・ウント・ドラングの代表者と目されていた。それ以来シラーは自分よりわずか十歳年長でしかないこの大詩人に憧れ、会って話をしたいと願っていたので、落胆は大きかった。

クリストフ・マルティィーン・ヴィーラント。J・ティシュバインによる油彩画、一七九五年。

ヨハン・ゴットフリート・ヘルダー。L・ジッヒリングによる銅版画。

それでもすぐさまシラーは典雅な詩文によって有名なヴィーラントを訪れ、二十六歳年長でありながらもシュヴァーベン生まれの同国人であったことから話がはずみ、たちまち親しくなった。後にはヴィーラントの編集する『ドイツ・メルクーア』誌に「ギリシアの神々」(Die Götter Griechenlands)や「芸術家」(Die Künstler)などの長篇詩を寄稿して、この文芸誌に光彩をそえたのであった。またヘルダーを訪れたが、彼はシラーのことを全く知らなかった。そこで『ドン・カルロス』を恵贈したところ、早速これを褒めてくれたのであるが、しかし当時ヘルダーは社交界から離れて大著『人間の歴史哲学への理念』第四部を執筆中であり、あまり交際することはなかったようである。けれどもシラーはこの人文学者ヘルダーからは多くを学び、思想的には近いところにいたのである。

またシラーはひと月ほど経った後ヴァイマルから三マイルほどの距離にあるイェーナに行き、ヴィーラントの長女ゾフィーの嫁いでいる縁でカール・レーオンハルト・ラインホルトを訪問した。そこに八日間ほど厄介になっているうちに一歳年長のラインホルトとはたちまち親しくなった。ラインホルトはイェーナ大学の哲学の助教授でありカント学徒であったところから、カントの哲学をめぐって論議がはずんだ。シラーは彼から、カントが「実践理性批判」と「趣味批判」の出版を準備中と聞いて、「私はきっとカントを読み研究することになると思う」とケルナーに書き送っている。実際、後にみるようにシラーはカント哲学を熱心に研究するのであるが、その直接的な端緒となったのはこのラインホルトとの交遊であった。

シャルロッテ・フォン・カルプ夫人とはヴァイマルに着いたその日に再会した。それか

カール・レーオンハルト・ラインホルト。J・C・B・ゴットシックによる銅版画。

ら二人は毎日のように会い、ヴァイマルの社交界において二人の仲は公然のものとなった。しかしこの恋愛は、一時は燃えさかったものの、永続きしなかった。というのはマンハイムで別れて以来シラーはロマンチックな夢を膨らませ続けていたのが、現実に会い続けているうちにそれがしぼんでいったのである。それに熱しやすく冷めやすい点で二人の性格は似ていた。シラー自身そういう自分の仰々しいところを克服したいと願っていたので、相手の同じようなところが疎ましくなったのであろう。ともあれ情熱だけでは愛は持続しないのである。

さてヴァイマルの下宿に落ち着くとシラーは本格的に歴史の研究に取り組んだ。これはそれまでの創作活動からすれば、いささか異分野への進路変更と受け取られるかもしれない。しかしすでに『フィエスコ』や『ドン・カルロス』の執筆に当たっては、相当、史実を調べてきたし、それに歴史研究といっても当時のそれは十九世紀後半以降一般化した実証的歴史学とは趣を異にしていた。シラーは以前からプルタルコスの『英雄伝』を好んで読み、歴史上の偉大な人物の性格や運命に強く惹かれていた。そういった偉人の研究と史劇の創作との間にはさしたる懸隔がないのであって、進路変更というよりも内面的発展と解すべきであろう。実際にシラーは従来の素っ気ない歴史記述に対して、自分ならばもっと面白く生き生きと表現できると考えてこの分野に手を染めたのである。そしてそのような歴史物語ならば読者も多かろうから、戯曲を書くよりも収入になるとも考えたのである。事実、まず『ドン・カルロス』を書くために集めた史料を基にして、『スペイン治世からのオランダ離反史』(Geschichte des Abfalls der vereinigten Niederlande von

シャルロッテ・シラー。L・ジマノヴィッツによる油彩画、一七九四年。

der spanischen Regierung)を書いたが、その一部をヴィーラントの主宰する『ドイツ・メルクーア』誌に掲載し(一七八八年一月、二月、十月号)、これと『タリーア』に連載していた『招霊妖術師』の稿料によってようやく自活するに足る収入を得られるようになったのである。なおまたシラーが歴史研究に打ち込んだのは、これによってヘルダーのような学者からも認められる存在になりたいという気持ちも働いたようである。

ヴァイマルに落ち着くとすぐシラーは、友人ヴォルツォーゲン夫人より、近くなったので一度バウアーバッハに来ませんかと招かれていた。ようやくその年の暮れ、かつて一時滞在したそこを訪れて旧懐を温め、同時に近くのマイニンゲンにラインヴァルトと結婚して住んでいた姉クリストフィーネを訪れた。その帰途の十二月六日、ヴォルツォーゲン夫人の勧めで夫人の長子ヴィルヘルムと一緒にルードルシュタットに立ち寄り、夫人の親戚のレンゲフェルト夫人を訪れ、その二人の娘ともども歓待を受けた。当時四十四歳のレンゲフェルト夫人は早くに夫を亡くし、一七六三年生まれですでに結婚していた長女カロリーネ・フォン・ボイルヴィッツ夫人と三歳年下の次女シャルロッテと二棟続きの家に住んでいた。一年半後の一七八九年夏シラーはシャルロッテ・フォン・レンゲフェルトと結婚するが、後にこの最初の出会いの時にそうなる予感がしたと述懐している。

それはともかく翌一七八八年五月、シラーはルードルシュタットから歩いて半時間ほどの寒村フォルクシュテットに滞在し、歴史と古典文学、特にギリシア悲劇の研究に熱中するが、かたわら散歩がてらにほとんど毎日ルードルシュタットに出掛けてレンゲ

ヨハン・ヴォルフガング・フォン・ゲーテ。K・マイヤーによる鋼版画、一七七九年。

フェルト一家と楽しい一時を過ごしている。カロリーネ、シャルロッテ姉妹は体つきも性格も対蹠的であり、カロリーネは豊満にして情熱的、活発な近代的女性であった。文筆も立ち、小説を書いたり、シラーの没後はこの時の想い出を基に伝記を書いたりしている。これに対してシャルロッテはほっそりして慎み深く、穏やかで古風な女性であった。読書好きで高い教養と知性を備えていた。シラーは自分にはない彼女の物静かなところに強く惹かれたようである。フォルクシュテットを夏の終わりには引きあげるつもりでいたが、シラーは姉妹と別れ難くて滞在を日一日と延ばし、十一月十日の二十九歳の誕生日を祝ってもらってからヴァイマルに帰ってきたのであった。

まだフォルクシュテットにいた九月、シラーはゲーテと初めて会話を交わす機会があった。イタリア旅行から帰ってきたゲーテがコッホベルクのシュタイン夫人家を訪問した帰途、ルードルシュタットのボイルヴィッツ家に立ち寄ったのである。これはシラーにとっては前々から願っていた出会いであるが、二人の間に後にみるような相互理解と共感は成立していない。シラーはこの会見の模様をケルナーに書き送っているが、それによれば尊敬の念をもってゲーテに接しているものの話は全く合わなかったようであり、ゲーテの世界と自分のそれとは全然違う、我々の道はひとつになることはないとまで断言している。ゲーテはイタリア旅行の体験から南方の明確清朗な形式を志向するようになっていたのに対し、シラーを北方の不定形陰鬱な情念の作家としてしかみていなかったようである。

ヴァイマルに戻る少し前に『オランダ離反史』が出版されたが、この歴史研究の処女作は読者に強い感銘を与え、ひと月も経ないうちにシラーの人生設計に変更を迫るような事態をもたらした。すなわち枢密顧問官ゲーテの大学行政面での代理人フォークトが、カール・アウグスト大公とゲーテの意を受けて、イェーナ大学の歴史の講座が空席になったのでこれを引き受ける気はないか打診に来たのである。シラーは最初この勧誘を喜ばない訳ではなかったが、よく考えてみると教職に就けば自由と独立が失われることになるし、天職としていた芸術家であることを放棄しなければならないので思い悩んだ。またラインホルトから大学の教授になるのはそれほど難しくはないと聞かされていたものの、自分のような歴史研究を始めたばかりの駆け出しがなってよいのかといった躊躇もあった。しかしシラーが態度を決めかねているうちに、受諾が既成事実であるかのごとく事が急速に進行してしまった。シラーは教授といってもこれが無給の員外教授であって聴講料しか貰えないことを知り、それのみか就任までに大学への登録料とか教授団への入会費とかの類の出費が結構嵩んだので、騙されたとさえ感じたようである。

ここで当時の大学の実状について少し触れておく必要があろう。大学が専門的な学問研究の場とされたのはフンボルトによる改革以後のことであって、十八世紀においてはまだ高等教育を行う学校であり、講義とはいえ教科書の講読が主体であった。したがって教師もいくつかの異分野の授業を担当し、毎日十二時間も講義する場合もあったから、大学教授といってもさほど社会的に尊敬されていた訳ではない。イェーナ大学はザクセン大公アウグストが、ゴータ、マイニンゲン、コーブルク、ヒルトブルクハウゼンの諸侯と共同で運営していた大学であり、その地方の主として貴族階級の子弟の高等教育を担当していたが、シラーの後やはりゲーテの斡旋でフィヒテ（一七九四）やシェリング（一七九八）が教授に就任してから彼らのドイツ観念論のオリジナルな講義によって全国的に有名になり、ドイツ各地から若者が集まるようになった。

ともあれ一七八九年五月十一日、シラーはイェーナに引っ越し、二十六日誇らしくまた勇気をもって初めて講壇に立った。当初八十席ほどの教室が予定されていたが、イェーナ大学の学生の過半数を越える約五百人もの聴講希望者がいたため大講堂に移らなければならなかった。そこにおいて二時間にわたり就任公開講演「世界史とは何か、また何のためにこれを学ぶのか」（Was heißt und zu welchem Ende studiert man Universalgeschichte?）を行ったのである。

シラーはまず学問は職業に就くため、実利や名誉を得るために行うものではなく、ひたすら真理を愛し、理性と感性の調和のとれた自己を形成することにより一層高く広い世界に到達するために行うべきであると強調する。ついでヨーロッパの航海者のもたらしたさまざまな発見を挙げ、世界の諸民族の文化が相互に連鎖しており、現在の人間は過去の人間の活動の総体的結果として現存していることを述べる。「我々が現在ここに集まったということ、現在の程度の国民文化、現在の言葉、現在の道徳、現在の市民的な利益、現在の程度の良心の自由をいだいて、ここに集まったということでさえ、おそらくは先行したすべての世界の現象の結果でありましょう。現在の一瞬を説明するにも、すくなくとも世界史のすべてが必要なのでしょう」。ところが世界史の資料は多い少ないがあり、断片的でさえある。そこに連鎖関連を見出し、統一的に把握するためには、哲学的な頭脳と想像力を必要とする。こうしてはじめて人間が長い年月の間に行ってきた個々の事柄の価値を見出すことができる。とすれば世界史の研究は我々がどうしても行わねばならない、しかも魅力ある仕事ではなかろうかと言うのである。

この講演はその構想の雄大なること、学問への情熱が横溢していること、レトリックの巧みなことにおいて比類なく、聴講者に深い感銘を与えたようで、その晩は町中この講演の話でもちきりとなり、シラーは夜想曲を贈られ万歳のために三回呼び出されたとのことである。

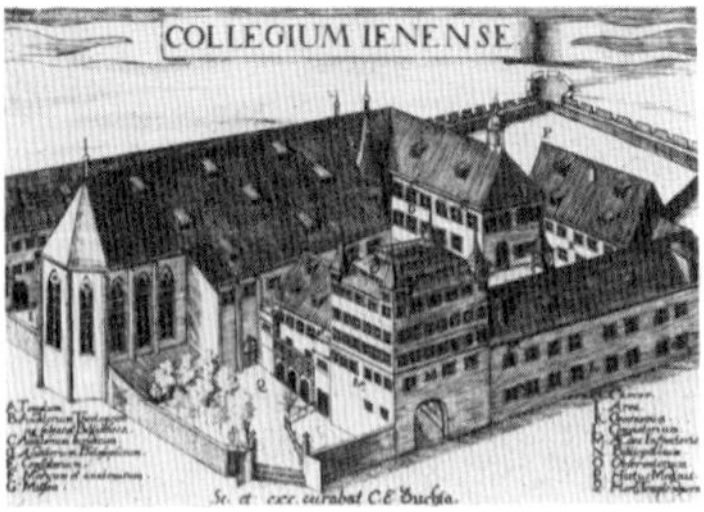

イェーナ大学。C・E・ブフタによる銅版画。

五、講義、結婚、疾病そしてカント研究

一七八九年五月、イェーナ大学の員外教授に就任したシラーは、その夏学期から週二回、火曜と水曜の午後に歴史の講義を行った。掲げられた題目は、まずその学期は「世界史入門（アレクサンドロス大王まで）」（二時間）、一七八九年秋から翌年春にかけての冬学期は「カール大帝からフリードリヒ大王までの世界史」（五時間）、「ローマ帝国史」（一時間）、一七九〇年夏学期は「フランク王国成立までの世界史」（五時間）、同年秋から翌年春にかけての冬学期は「十字軍史」（一時間）、「ヨーロッパ国家史」（五時間）であった。しかし実際に行われた講義の具体的内容は伝えられていない。シラーは最初のうちこそ草稿を用意したようであるが、すぐさま草稿なしで講義を進めたのであった。これは講義の準備に予想したよりも時間を要し、草稿作りまで手が回らなかったためだろうが、それよりも講義にあまり身を入れる気になれない事情があった。というのは学生達から熱狂的な歓迎を受けたにもかかわらず、実際の聴講生は少なく、教授連中はみな顰面をしていて好きになれなかった。この地方の方言がよく分からず、異国の海岸に打ち上げられたようなものであり、自分は孤独であると嘆いている。もっと大きな理由は講義の準備に時

イェーナ中央広場。L・ヘスによる銅版画、一八三〇年頃。

間を掛けても、それに収入が伴わなかったからである。シラーは再び貧乏に落ち込んだのであって、カロリーネ、シャルロッテ姉妹に宛てた書簡によれば、一七八九年十一月十日の誕生日に初めて僅かな聴講料を受け取ったとのことである。これでは熱心に講義に取り組める訳がないのであって、教授職は必ずしも強く望んで就任したのではないから、シラーは辞めて文筆業に戻ることをかなり真剣に考えたようである。

なおまたシラーには当時貧乏暮らしの困る特別な理由があった。一人ならばよいけれども、世帯を持つことを考えていたからである。イェーナに来てからもシラーはカロリーネ、シャルロッテ姉妹とは往き来したり書簡のやりとりを通して交際を続け、八月の始めには結婚についてシャルロッテの同意を得ていた。しかしそのような経済状態ではシャルロッテに多大の犠牲を強いることになるのは明らかであり、結婚を躊躇せざるを得なかった。何よりもレンゲフェルト夫人に娘との結婚の許可を求め難く、実際に夫人に対しては婚約も内密にしていたほどであった。そこでシラーはアウグスト大公に窮状を訴えて交渉し、一七九〇年から年二百ターラーの給金を受ける約束を得た。これはシラーの望む年収の五分の一の額に過ぎなかったが、ともかくこの教授固定給がシラーをイェーナに留まらせることになった。これと聴講料や印税を合わせれば生計が立つと考えたシラーは、レンゲフェルト夫人に結婚の許しを請うたところ、同意を得たばかりでなく、年百五十ターラーの経済的援助の申し出を受けたのであった。そこで一七九〇年二月二十二日、シラーは寒村ウェーニンゲンイェーナの教会でレンゲフェルト夫人とカロリーネの同席のもとささやかな結婚式を挙げ、イェーナの独身時代からの住まいに侍女と下男の助けを借りて新婚生活をスタートさせたのである。
若くて控えめなシャルロッテとの生活がいかに幸せだったかは、例えば結婚一週間後の三月一日にケルナーに書き送った次のような一文に明らかである。「いま私は何という素晴らしい人生を送っていることでしょう。私は愉快な気持ちで周囲を見回し、私の心は永続する穏やかな満足を、私の精神はとても素晴らしい養分と休息を見出していま す。私の生活は調和的な均衡のうちに動いております。情熱的な緊張ではなくて平静と晴朗のうちに日々が過ぎてゆきます。私は自分の仕事を以前のように片づけ、自分自身にこれまでになく満足しています。……」

とはいえいつまでも新婚気分で浮かれている訳にはいかなかった。生活の糧を稼ぎ出さねばならなかったからである。そこで講義と『タリーア』誌の編集、執筆のほかに、シラーは『歴史記録集成』(Allgemeine Sammlung Historischer Memoires)を編集して、イェーナのマウケ書店から発刊した。これは一七八五年ロンドンから刊行されだした『フランス史関係記録集成』の成功を見習い、十二世紀から近代までの歴史的に重要な外交文書や覚書を翻訳したり注釈をつけたりして集成し、年間六〜八巻刊行する計画であった。シラーの目論見はこれによって定収を得ようというのであったが、実際には年に一・二巻を出すのがようやくで、労ばかり多くて収入には全く結びつかなかった。また六月にはライプツィヒの出版主ゲッシェンの依頼を受けて長篇の『三十年戦争史』(Geschichte des Dreißigjährigen Kriegs)を書き始めた。三十年戦争とは言うまでもなく最後の、そして最大の宗教戦争であり、一六一八年から一六四八年まで主としてドイツを舞台に繰り広げられた政治的抗争でもあるが、シラーは四か月間毎日十四時間読み書きを続けてその第一部を書きあげ、一七九一年度の『婦人のための歴史カレンダー』に発表した。この年刊誌は七千部刷られ一七九〇年秋に発刊されたが、好評を博し、シラーは引き続き第二部の執筆に取り掛かった。

一七九一年の年頭、シラー夫妻はマンハイムの興業主ダールベルクの長兄でマインツ総督の地位にあったカール・テーオドール・フォン・ダールベルクの招待に応じ、エアフルトに滞在していたが、仕事の無理が祟ったのかシラーは大病に罹る。「選帝侯アカデミー」の祝典に出席中、激しい悪寒におそわれて倒れ、宿舎に駕籠で連れ帰らされた。これはいったんは収まったものの、数日を経ずして再発し六日間高熱が続き三日目から喀血が始まり食物を全く受け付けなくなった。この時の病気は、今日の医学の推定では、風邪が原因の肺炎と胸膜化膿の合併症と考えられているが、熱や胸と下腹部の痛みに対する当時の治療法が瀉血や催吐薬と下剤の服用であったから、もともと頑健にできていないシラーの身体は著しく衰弱消耗し、度々失神するようになり七日目からは譫妄が始まったが、妻、義姉、姑の懸命な看護によりようやく危篤状態を脱したのであった。

シラーは一時は死を覚悟し、また完全治癒の困難なことを知るが、身の不運を嘆くどころか、まだやりたいことがあるとむしろ仕事に拍車がかかるのである。大学の講義は当分の間休講にし、体が少しよくなると哲学書を読んだり、ヴェルギリウスの『アエネイス』を訳したりしている。三月三日付のケルナー宛の書簡には次のような文がみえる。

「私が目下何を読み研究しているか、貴君には当てられないでしょう。ほかならぬカ

イマヌエル・カント。K・バルトによる銅版画。

ントなのです。彼の判断力批判は、その明快で面白い内容によって私を魅了し、次第に彼の哲学のなかに切り込んでいきたくなってきました。哲学体系との付き合いが乏しいため、(純粋)理性批判は今の私には難しすぎ、あまりにも多くの時間を取られてしまいます。しかし美学についてはは自分でかなり考えてきましたし、経験的に精通していますので、判断力批判ならば容易に読み進められます。……要するにカントは私にとって越えられない山ではないと思いますし、間違いなくもっと厳密に彼と付き合うことになるでしょう。」

カントの美学書である『判断力批判』は前年の一七九〇年に出版されたばかりであるが、シラーは早速これを読んでいるのである。しかしこのカント研究はしばらく続いたもののやがて中断された。五月に病気が再発したからである。この時は胸と下腹部の痙攣が五時間も続き、呼吸困難と脈の結滞があって、ついには四肢が冷たくなり、今度こそシラーは死ぬかと思ったようである。実際、瀕死の重態に陥ったようであり、シラーが死んだという噂が立ち、それのみか「イェーナ大学、否、単にイェーナばかりでなく全ドイツはその天才を失った、云々」という訃報まで現れたほどである。現代医学の診断によれば、この時は胸部の膿が横隔膜を破った腹膜炎の併発らしく、このような場合大概は敗血症を起こして死亡するというから、シラーは九死に一生を得たといってよい。勿論助かったといっても胸部や腹部の痛み、圧迫感、下肢痙攣、消化不良などに後々まで苦しめられるのである。

ともかくシラーは医者の勧めでカールスバート(チェコの保養地、現カルロヴィ・ヴァリイ)

イエンス・バッゲッセン。E・レーマンによるリトグラフ。

アウグステンブルク公子フリードリヒ・クリスチアン。G・L・ラーデによる銅版画、一七九一年。

に七月十日から四週間ほど妻と義姉を伴って療養に出掛け、その後エアフルトで治療を続けて日に二・三時間読書ができるようになった十月初めにイェーナに帰ってきた。すると早速彼は中断していた『三十年戦争史』の第二部に取り掛り、「仕事がすべてを忘れさせます」とばかりこれを書きあげた。病みあがりであるにもかかわらずこれを書き急いだのは、病気のためにシラー自身の計算では千四百ターラーの支出を余儀なくされ経済的に困窮したからであり、『三十年戦争史』の第一部が『招霊妖術師』ほどでないにせよ成功して、出版主ゲッシェンから印税の名目で予想外の経済的援助を受けたからである。なおまたカール・フォン・ダールベルクからも二百五十ターラーの援助を受けたのであったが、やがて思いがけないところから経済的問題を一挙に解決する強力な援軍が現れた。

前年の夏、シラーは彼に心酔するデンマークの若い詩人イエンス・バッゲッセンの訪問を受けていた。コペンハーゲンにおいてシラーが重病に罹っていることを聞き知ったバッゲッセンは、友人のシュレースヴィヒ・ホルシュタイン・ゾンダーブルク・アウグステンブルク公国フリードリヒ・クリスチアン公子（以下アウグステンブルク公子と略称）にこれを伝えて相談した。バッゲッセンを通じて『ドン・カルロス』に親しみシラーの崇拝者になっていたアウグステンブルク公子は、シラーよりも十歳年少であったが、シラーが生計を得るため働き過ぎて病気になったこと、現在は病気のため働けず困窮していることを知り、財務大臣シンメルマン伯爵の賛同を得て、病気が治るまで働かなくて済むよう向後三年間毎年千ターラーの顕彰金を贈ることを決め、シラーに申し出たのであった。その書簡をシラーは十二月十三日に受け取ったのだが、未知の人士からの予期せぬ純粋な善意にシラーはいたく感動し、これを「美しく高貴な人間性」の賜《たまもの》と捉えており、爾後これが人間の美しい行為について考察する際にいつも範例として思い浮かんだようである。

こういう訳で一七九二年はシラーにとってまた新たなる出発の年となった。元旦、シラーはケルナーに宛て、「新年を大いなる希望をもって歩み始めました。まだ健康ではありませんが、私の頭脳は完全に自由であり、その活動が病気によって妨げられることはないでしょう」と書いている。生計の苦労から解放されたとき、シラーの最もやりたかったことは詩人としての創作活動であったと思われる。実際『三十年戦争史』を書いているうちに、そこで大活躍する傭兵隊長ヴァレンシュタインに惹かれ、その波瀾万丈の生涯を戯曲にすべく構想を得ていた。それなのにシラーが取り組んだのはすでに始めていたカント研究であった。先の一文に続けて、「私はいまカント哲学に熱中しています。……私がそれを窮めるまでは、たとい三年要したとしても、それを手離さないと固く決心しています」と述べている。しかも難しすぎて多くの時間を取られてしまうと躊躇していた『純粋理性批判』も読み始めている。またカントばかりでなく「同時にロック、ヒューム、ライプニッツを研究したい」と語っている。

そしてそれから三年以上にわたってカントとかかわりあうことになるが、この哲学あるいは美学への執心をいかに理解すべきであろうか。作家としての立場からすればこれは損な回り道である。ケルナーもこの点を忠告しているが、シラーにしてみればそれは分かっていることであった。ただ詩人として十全な創作活動を行うためには、芸術についての理論的研究が不可欠であり、しかも詩人はその作品を通して民衆に働きかけ、民衆の教育者となるのだから、自己の思想を明瞭にし、教養ある豊かな人間性へ向けて自己研鑽すべきであり、生活に余裕のできた今こそその時であると考えたようである。

しかしそれよりもシラーがもともと哲学書を読み思索することが好きであったためであろう。これは彼の戯曲さえも明確な理念によって貫かれており、その詩の多くが一定の理想を表明する思想詩である事実に窺えよう。一七九二年五月二十五日付ケルナー宛の書簡において、「元来、能力があると思っているのは芸術だけです。理論においては原理をめぐって苦労せざるを得ません。そこにおいては私は単なるディレッタントです。けれども思索すること自体のために私は理論について哲学することが大好きです」と述べているように、哲学的思索は彼の好むところであり、生活の心配をしなくてよい今こそこれに没頭したいと考えたに違いない。そしてディレッタントどころか、当時最も高名な三十歳近くも年長のカントと対等に哲学者として張り合おうとしたのであり、実際にカントの美学の盲点を発見し、その一面的な倫理学に修正を加えて、独自の美的・倫理的境地を開拓したのであった。

一七九一年頃のシラー。当時の油彩画、筆者不詳。

六、演劇論

気分も新たに始まった一七九二年に、シラーの発表した最初の論考は「悲劇的対象を楽しむ原因について」(Über den Grund des Vergnügens an tragischen Gegenständen)と「悲劇芸術について」(Über die tragische Kunst)であり、それぞれこれまた新しい出発の意味を込めて『新タリーア』(Neue Thalia)と改めた主宰誌の第一巻第一号と第二号に発表された。しかしこの二篇の論文はすでに前年の秋から冬にかけて病気療養中に書き上げていたものであり、しかもそのもとは一七九〇年の夏学期に歴史の講義とは別に行った演劇論の講義にあるとされる。なおシラーが演劇について論じたのは勿論これが初めてではない。早くも一七八二年に「現代ドイツ演劇について」(Über das gegenwärtige deutsche Theater)を発表し、一七八四年には「すぐれた演劇は本来いかなる作用を及ぼしうるか」(Was kann eine gute stehende Schaubühne eigentlich wirken?)と題した講演を行ったりしている。この後者は演劇を民衆の道徳教育を担うものとする注目すべき論考であるが、ここでは紹介を割愛する。

さて喜劇は人間の滑稽を描写したものであるから、我々はこれを観て笑う。すなわち楽しむと言ってよい。ところが悲劇の場合は大概は主人公が陰謀や権力や運命のいたずらによって悲痛な目にあい、時には身を滅ぼす。我々はこれを観て悲しくなり涙を流す。このような経験は単純に楽しいとは言えまい。とはいえ劇場にわざわざ出掛るのは結局楽しむためであろう。我々は悲しい事柄をなぜ楽しめるのだろうか――。この問題は古くアリストテレス以来しばしば論議されてきたところであるが、シラーもまたこれを取り上げ、独自の考察を加えたのが「悲劇的対象を楽しむ原因について」である。

この論文の内容は必ずしも明解ではないが、シラーはまず芸術の目的が人々に自由な楽しみ（Vergnügen）を与えることにあると強調する。決して道徳的善の追求に芸術の目的があるのではないというのである。もとより楽しみ自体が人間に道徳的な影響を与えるから、芸術は人間の道徳性を促進するけれども、道徳的なものに芸術の目的がある訳ではない。

ここで自由な楽しみとは、精神的諸力がその独自な法則に従って活動している状態から生ずるものであり、これは感覚的快とは異なる。結局、自由な楽しみの源泉は合目的性にあり、我々は合目的性を表象し――合目的性の表象には善・真・完全・美・感動・崇高がある――、その表象に快適な感覚が付随するとき、自由な楽しみを得るとしている。なお真・完全・美の表象は我々の知性と想像力を満足させるゆえに美の芸術とし、善・感動・崇高の表象は理性を伴う想像力を満足させるので感動の芸術として、芸術を二分することができるとしている。

ところで感動と崇高は共に不快により快を惹起するから、その合目的性は反目的性を前提にしている。例えば苦悩する定めにない人間が苦悩するのは反目的的であり、これが我々に苦痛を与える。しかしこの反目的性のもたらす苦痛は、我々の理性的な本性一般にとっては合目的なものである。すなわち感動や崇高な感情を惹起する対象は、我々の感性的な能力を服従させようとし、想像力を圧倒する。しかしこれが同時に我々の理性的な能力を目覚めさせ、駆りたてて活動させる。それ故、理性的な能力の活動にとっては感性と相いれないことこそ合目的となるのであり、より低い能力によって苦痛を与えながら、より高い能力によって喜ばせるのである。

さらに我々にとって最も重要で最もよく認識できるのは道徳的合目的性である。これが我々の理性の内面的原理によって規定されているからであり、他の合目的性——これには衝動や情熱、自然的必然性や宿命が含まれるから一括して自然の合目的性と呼ぶ——と対立し争う時に最も顕著となる。それ故「最高の道徳的な楽しみはつねに苦痛を伴う」のである。この主として我々を苦痛によって喜ばせる芸術が悲劇にほかならない。そして悲劇における快と苦痛の感動の程度は、道徳的合目的性と自然的合目的の対立が強いほど大きいというのである。

以上がシラーの理論の概要であり、後半部では具体的に悲劇作品を例に挙げてこれの補強説明をしている。そこではさらに高徳な人の苦悩に劣らず犯罪者のそれが悲劇的な喜びを与える理由を考察している。それは人を不幸にする犯罪者の行為は道徳法則に反するが、彼の悔恨や自責の念、絶望がやはり道徳的な合目的性の表象を与えるためであるとする。では極悪非道な悪人が犯罪を行い、全く自責の念も持たない場合はどうであろうか。この場合はその犯罪の犠牲者において道徳的な合目的性の表象を得ると同時に、悪人のなかで生じているに違いない道徳的な感情の抑制において自然的合目的性の表象を得るから、観者に二重の方法で喜びを与えるというのである。

さて苦痛の喜びという問題については「悲劇芸術について」においても引き続き論じられている。すなわち悲惨なものや恐ろしいものによってもたらされる不快な興奮が我々を魅了し楽しませるのは、我々の本性の根元的な素質に基づいており、心理学の法則による。不快で悲しい興奮の方が楽しい興奮よりも我々を引きつけるのは、苦痛そのものが我々の感性に攻撃を加え、これが理性を刺激して同情(Mitleid)の楽しみを生むというのである。そこでこの論文では悲劇芸術は同情の楽しみを目的とする芸術とされている。

そうすると次に同情という感動の楽しみを最も確実に生みだす条件を知る必要があり、実際にこの点の考察が本論文の主な内容となっている。ただその前にシラーはそのような楽しみが妨げられる原因について触れており、当然ながらそのひとつは同情の念がそれほど強くない場合である。例えば不幸の理由があまりに不快であると、その不幸に苦しむ人に対する同情は弱められるし、また不幸を引き起こす人があまりにも我々の嫌悪感を惹起すれば、同様に同情も弱められる。他方、悲劇的な感動が現実の興奮にあまりにも接近し過ぎて苦痛が支配的になってしまう場合も楽しみが妨げられる。

さて同情が促進され感動の快が強く惹起される条件であるが、これは同情の前提となっている苦悩の表象の活発さ、真実さ、完全さ、持続性に依存する。

一、苦悩の表象が躍動的であり印象が鮮明であれば、一層、感性が刺激され、それに対抗する理性的な能力も活動が促される。

二、苦悩の表象に真実性が欠けてはならない。我々が苦悩を分かち合うためにはそれを理解しなければならず、そのためには苦悩があらかじめ人間の本性の普遍的な法則と矛盾しないように提示されねばならない。

三、苦悩の表象には完全性が求められる。これは原因と結果の関連を明確に一致させ、すべてを現在の一連の行動によって示さなくてはならない。

四、苦悩の表象が我々に持続的に働きかけねばならない。他人の苦悩は我々にとっては逃れたいものであるが、強制的かつ周期的に加えられて苦悩との戦いが持続しなければならない。

このような考察を経てシラーは悲劇芸術を、苦悩の状態における人間を示し、我々に同情を惹き起こすことを目的とする連関した一連の事件の詩的模倣と定義する。そしてさらに次のような補足説明を加えている。

一、悲劇はひとつの行動の模倣である。個々の事件はその生じる現在のひとつの行動として直接示される。そこには叙事詩や物語のように行動を語る語り手は介在しない。

二、悲劇は一連の事件の模倣である。叙情詩のように悲劇的な人物の感覚や興奮を模倣するのでなく、それらを生みだした一連の行動を模倣的に表現するのである。

三、悲劇は完全な行為の模倣である。個々の事件が原因と結果の関連のもとにひとつの全体として構成されていなければならない。

四、悲劇は同情を惹起する行為の詩的な模倣である。詩的な模倣というのは人を感動させこれによって人を喜ばせるために行為を表現することをいい、歴史的な真実を表現することではないから、歴史的な模倣と対立する。

五、悲劇は我々に苦悩の状態における人間を示す行為の模倣である。我々自身がそうであるような感性的でしかも道徳的な存在の苦悩だけが我々の同情を惹起する。悪魔とか英知とか超人は悲劇の対象とならない。悲劇は卑しむべき性格と完全な性格との中間にある混合した性格を好む。

そして最後に、これらの目的を達成する手段の結合したものが形式であり、それ故、悲劇は独自の形式を有し、これによって他のジャンルの詩から区別されると、内容に劣らず形式の重要なることを強調している。

さて以上の素描的紹介によってシラーの演劇理論の概略はほぼ明らかになったかと思う。簡単に言えばシラーはこの両論文において演劇芸術の目的を明確にし、ことに悲劇の成立根拠を理論的に解明しようと試みているのである。なかでもシラーが力を入れているのは同情を惹起する条件の分析であった。これは取りも直さず劇作家としてのシラーが自己の携わってきた芸術の課題と使命を明瞭にし、かつ悲劇創作上の要点に反省を加えて世に開陳したものといってよい。それ故にシラーにとってはこの二篇の論文はどうしても書かなければならなかった論文であった。

その際にシラーがまず自己の創作体験に基礎を置いたことは言うまでもない。が、実際に書くに当たって参考としたのは、創作の上でも影響を受けていた劇作家レッシングの『ハンブルク演劇論』(一七六七～六九)であった。これはハンブルク国民劇場で上演された作品の批評の形式をとりながらレッシングが演劇芸術の諸問題について縦横に論じたものであり、シラーはもとより以前からこれを熟読玩味していて、演劇論・演劇史の具体的知識の多くをこれから得ていた。さらにレッシングの友人である哲学者モーゼス・メンデルスゾーンの『感覚について』(一七五五)からは美の作用にかかわる心理学的な知見を学んだ。またシラーが新しく導入した合目的性という概念は明らかに研究し始めていたカントの『判断力批判』に由来するものであろう。

ではこの二篇の演劇論の特色はどこにあるのであろうか。論題は格別目新しいものではないが、随所にシラー独自の思索がみられることは事実である。例えば芸術と道徳との関係、あるいは道徳的合目的性と自然的合目的性との拮抗を論じている個所、これともかかわるが犯罪者の悲劇の成立根拠を論じた個所などである。特にこの後者の場合、常識的観点からすれば、犯罪者の没落はアリストテレスの言う恐怖はともかく同情(パテーマ)は惹き起こし難いとするであろうし、レッシングの主張では恐怖さえも呼び起こさないのであるが、シラーは短篇小説『誇りを汚された犯罪者』にも描いたように、むしろ犯罪のなかにこそ道徳の発現をみるのである。ただその論述は必ずしも分かり易くはないし、その論文のテーマである悲しみを楽しむ根拠の説明も成功しているとは言い難い。いまこれについて詳しく論評する余裕はないけれども、ともあれ劇作家の書いた演劇論として注目に値することは確かであり、またその理論的性格はいわゆる芸術家のものした芸術論の域を越えていることも確かである(邦訳は二篇とも浜田正秀訳『美的教育』玉川大学出版部刊に収められている)。

一七九二年に入ってシラーが実際に取り組み始めたのは『三十年戦争史』の第三部であった。アウグステンブルク公子から顕彰金を贈られたシラーは生計費を稼ぐために文筆を執る必要はなくなったはずであった。にもかかわらずこれを書いたのは、前々からの約束であったからだが、また過分の印税支払いを受けた出版主ゲッシェンの恩義に感じてのことであった。したがって、九月末に最後の原稿を送った時、シラーは本当の解放感を味わったのである。

完全な自由を得てシラーはカントの『判断力批判』の研究に打ち込んだ。心の片隅では創作を始めたい気持ちがないわけではなかったが、カント美学の魅力の方が勝ったのである。そして病気のため一七九一年一月から休講にしていたイェーナ大学での講義を十月末の冬学期から再開し、そこで歴史ではなく美学の講義を始めたのであった。

この講義については、シラー自身のノートは断片二葉が遺されているだけだが、幸いなことに二十四名いた聴講生のうちの一人が講義の筆録から一部を取りまとめてシラーの没後公刊しており、およその内容を知ることができる。それによればシラーは美学を美を判断する際に働く諸能力の本性を探究する学問と規定し、趣味、趣味の影響と価値、感覚と感情、快と不快の区別、美と快適と善の区別、趣味判断の普遍妥当性、美の客観的前提等につき講じており、おおむねカントの『判断力批判』を祖述しているのだが、また後に展開されるシラー独自の美学思想の萌芽もかいまみられるのである。

七、カリアス書簡――その一

イェーナ大学において美学の講義を始めていたシラーは、やがて一七九二年十二月二十一日付ケルナー宛の書簡のなかで、次のようにひとつの著作の計画を述べている。

「美の本質について多くのことが分かってきましたので、私の理論は貴君を収攬《しゅうらん》すると思います。美の客観的概念、これはおのずからまた趣味の客観的原理にその資格を付与するものであり、この点についてカントは絶望していたのですが、それを私は見出したと信じます。これについての思想を整理して、私は《カリアス、あるいは美について》と題する対話を来る復活祭に出版したいと思います。」

対話形式を予定したのは、これが美を論ずる最適の形式と考えたからであり、また劇作家としてそれが得意であったためである。なお対話の主人公と目されるカリアスは、紀元前五世紀のアテナイの裕福な政治家であるが、カリ（Kalli-）がギリシア語で「美しい」という意味の接頭語なのでかかる名の人物を選んだと思われる。

さてこの書簡から約一月後、シラーは自己の美の探究をケルナーに書き送り始め、ケルナーもそれに対する返事を書くことから、両者の間に長文の哲学的な書簡の往復が約一か月続いた。シラーは対話篇を執筆する準備として、まず年来の知友に対して思索の内容を明らかにし批判を仰いだのである。ところが計画した対話篇は復活祭を過ぎても、後々になっても、結局出版されずに終わってしまった。そこでこれらの書簡がシラーの没後、研究者からカリアス書簡（Kallias-Briefe）と呼ばれて注目されるようになるのである。ここにはどの書簡が含められるか決まりがある訳ではないが、通常は一七九三年一月二十五日、二月八日、二月十八日、二月十九日、二月二十三日、二月二十八日付の六通の書簡を指し、これらは私信であって公開されたものではないけれども、シラー独自の美の思想を初めて開陳したものとして極めて重要な意義を有するのである。そこで我々も順次これらの書簡の概略の内容を紹介し、解説を加えていくことにしたい（翻訳は石原達二訳『美学芸術論集』冨山房刊に収められている）。

(一)　一七九三年一月二十五日付書簡

ここにおいてシラーはまず自己の美の理論がいかなる特色を有するものか説明している。すなわち経験的事実と合致するような美の概念を理性によって演繹すると言うのである。シラー自身の言葉によれば、「美の概念を客観的にうち立て、そして理性の本性から全く先験的《ア・プリオリ》にその概念を合法的に規定すること、しかも経験はそれを完全に是認するが概念の方はその妥当性について経験の発言を何ら必要としないという具合にそうすること」が目標なのである。

この客観的概念の演繹はシラー自身も認めるように極めて困難な作業であり、鋭い洞察力と深い思考力を必要とするが、この演繹的方法を採るところにまずもってシラーの美の哲学の特色が認められよう。十八世紀の美論を顧みると、英国経験主義のそれは美を判定する我々の能力を趣味（taste）とし、趣味判断は主観的判断ではあるけれどもそこに一定の基準のあることを主張した。しかし美は結局、主観の感ずる快以外のものではなく、趣味判断の妥当性については確実な根拠を提出できなかった。一方、大陸の合理主義の美論においては美を完全性の概念と置換し、趣味判断をこの概念に従って論理的に下されるものとしたが、この立場では趣味判断の普遍妥当性は確保し得ても、美と善や真との判断の構造上の区別は不分明となり、また経験からの離反も免れ難いことになる。かくして経験主義と合理主義の綜合を試みたのがカントの批判哲学であるが、シラーはその美論にも満足できなかったのである。では具体的にどのような点が気に入らなかったのであろうか。

カントの『判断力批判』第一章の骨子は、趣味判断を分析して、これが感性的で主観的な判断であるにもかかわらず普遍妥当性を主張できるとするところにある。いま例えば眼前のバラの花を見て、私が「この花は美しい」と判断したとする。この判断は私が自分の目で見て下した判断であるから、感性的で主観的な判断である。これと対置されるのは、「この花はバラの花である」という論理的判断である。バラの花であるか否かは、誰でもが知っているバラの概念にかかわることであり、先の判断はその概念に従って論理的に下される認識判断である。ところが「この花は美しい」という趣味判断には概念は働かない。つまりその花が何の花であるか知らなくても、美しいという判断が下せる。対象の内容ではなくて形式だけが問題なのである。

さてカントは「この花は美しい」という判断は、主観的判断であるが客観的な妥当性を有していると主張する。つまり私以外の他者も当然この判断に同意すべき根拠があると言うのである。その先験的な根拠が「目的なしの合目的性」にほかならない。例えば椅子は腰掛けるための道具であり、その目的に沿うように上手に作られていれば合目的性があるとされる。ところがバラの花の目的は何であろうか。バラの花は大概人工的に栽培されているから、この場合の例としては名も知らぬ野に咲く花の方がよい。その花の目的を我々は知らない。どうして花の形態と構造がそうなのか、なぜ咲いているのか、我々には分からない。にもかかわらずその花を美しいと判断したのは、そこに一種の合目的性を見出したためだとするのである。かくして「美は合目的性が目的の表象なくして対象において知覚される限りでの、対象の合目的性の形式である」とするのがカントの美の規定である。

これによってカントは美を善や感覚的快と区別し、美の自律性を確立しようとしたのであるが、一方でその概念が適用できない具合の悪い事例が残ったことも事実である。先の椅子の場合であり、その判断にはどうしても目的の概念が関与するし、美しい椅子の存在することは否定できない。そこでカントの提出した解決策は、美には本来の純粋な自由美のほかに、概念とそれによっての完全性を前提とする附随美があるとするものであった(『判断力批判』第十六節)。一定の目的があって作られる人工物の美が、この後者に属することは言うまでもない。そして人間美の判断にも当然ながら人間の目的――道徳性の概念が関与するから、純粋な趣味判断は成立せず、人間美は附随美と言うことになる。この点にシラーは不満を抱いたのであり、それは書簡中の次の文に明らかである。

「そしてカントは幾分奇妙なことに、目的の概念に服する美はどれも純粋な美ではなく、したがってアラビア模様とかそれに類したものは、それが美として見られる限り、最高の人間美よりも純粋であると主張しています。彼の考えは論理的なものと美的なものとを区別しようとするのには大いに役立つと思うのですが、そもそもどうも美の概念を全く捉えそこなっているように思われます。なぜなら美は対象の論理的性格を克服したときに、まさにその最高の輝きをもって現れるからです。」

すなわちシラーにとっては最高の美は人間美であり、これこそ附随美などではなく自由美でなければならなかったのである。そこで人間美の客観的概念をうち立てることを目指して、経験主義と合理主義、また批判哲学とも異なる第四の困難な道を進もうとするのである。

㈡ 一七九三年二月八日付書簡

その美の概念の演繹が行われるのがこの書簡であり、カリアス書簡中の白眉といってよく最も重要なものである。シラーは我々の自然に対するかかわり方という基本から考察を始める。すなわちそれは受動的であるか、能動的であるか、受動的であると同時に能動的であるかのいずれかであり、受動的なのは我々が自然の作用を単に感受する場合であり、能動的なのは我々がその作用を規定する場合であり、受動的かつ能動的なのは我々が自然を表象する場合であるとする。そして結局、理論理性に対して直観と概念、実践理性に対して自由な行為と自由でない行為というそれぞれ二種の質料を配し、そこから目的論的、論理的、道徳的、美的の四種の判断を導き出すのであるが、この肝心な思索の道程については、紹介に相当の紙幅を要するので、ここでは割愛せざるを得ない。生半可な要約はかえって理解を困難にするから、読者諸氏には直接シラーの思索の跡をたどられるよう願うばかりである。そうすれば哲学的思考の一種の見本に出合うことになるだろうし、カントから哲学上の概念を引き継ぎながらもカント哲学とは全く方法の異なることが理解されるであろう。この美の概念の演繹に関する限りシラーはカントよりもはるかに哲学的であるとさえ言える。

ともあれシラーが理性の推論によって導き出した結論は「美とは現象における自由である」というものであった。

(三) 一七九三年二月十八日付書簡

この書簡においては「現象における自由」について補足説明が行われている。すなわち先の書簡に対してケルナーから返事が来たのだが、それには誤解が含まれていたので、それを解くという形式で書き始められている。そこで我々もその主要な論点について触れておきたい。

現象における自由とはもとよりある対象が実際に自由であることを意味するのではなく、単に自由として現象することを意味する。これは自由が直観のなかに自己を開示する限りにおいて自己規定されていることであり、規定の根拠が自己のうちにあり、外にないことである。この対象をシラーは人間に限定している訳ではないが、いま具体的に人間を対象として考察してみると理解しやすいであろう。自由とはすぐれて人間の行為の自由を指すからである。シラーは人間の自由な行為を実践理性に基づくものとし、道徳的行為とする。確かに我々の自由な行為は純粋な意志の所産であり、自律的に規定された意志の所産として自律を示す。他方、自由でない行為がある。これは意志すなわち実践理性に基づかない行為であり、自然作用である。勝手に例を挙げれば食欲や性欲に基づく行為や排泄行為などがこれに該当しよう。これらの行為は実践理性が欲し行うべきものとして規定した行為ではない。

さて道徳的行為は意志の自律の所産であるために、現象においてはつねに他律として表現されることになる。直観のなかでは自己規定されたものと見えず、現象することのない外的な目的によって律せられていると見えるのである。この現象における他律が我々の感覚に不快感を与えることは言うまでもない。他方、理性的存在者の自由でない行為、すなわち自然作用は、そもそも実践理性によって何らの規定も受けていないのであるから、現象においても自己規定されたものとして現れることはない。したがって人間の行為はいずれにせよ美として現れることはなく、道徳と美とは相容れないもののようにいったんは考えられるのである。

しかしながらシラーは美の概念は道徳的なものにも適用されると主張する。すなわち道徳的な美とは経験のなかにそれに対応するものが実在する概念であり、しかもシラーは自己の美の理論の真実性を証明する方法として、道徳的な美の概念の適用そのものも、自由が現象のなかに姿を見せる場合に限って起こることを示すのが最もよい方法だと言うのである。そしてこれを具体的に示すためにシラーはひとつの寓話を創作している。

それはひとりの男が追い剥ぎに襲われて裸にされ、厳寒の路上に倒れていたという設定のもとに、この男を助けようとする旅人の相互に異なる五つの行為を述べたものであり、その概略は次のようなものである。
一、最初に通りかかった旅人は、助けを乞われると自分で助けるのは気が進まないので財布を差し出し、後からくる人にこの財布を与えて助けて貰いなさいと言った。
二、二番目の旅人は、手助けするために時間を取られると損をするので、お金をくれれば肩に背負って一時間ほどの僧院に運んであげようと言った。
三、三番目の旅人は、人としての義務が助けるべきことを命じるから、私の馬に乗り、私の外套を着なさい、救われるところまで連れていこうと言った。
四、その男を敵として復讐すべく追ってきた二人連れが、復讐するどころか着物を与えて二人で抱きかかえて助けようとし、罪を許すのではなく男が哀れだから助けるのだと言った。
五、五番目の旅人は、男を目にすると自分の荷物を放り出し、怪我をして力もなくなっているようだ、私の背につかまりたまえ、隣村まで連れて行こうと言った。

シラーはこれら五種の行為はみな男を助けようとした行為であるが、最初の旅人は心を動かされたので善意から助けようとしたのであり、二番目の旅人は功利的な考えから、三番目の旅人は純粋に道徳的な動機から、四番目の旅人は大きな克己心から助けようとしたのであり、それぞれ理由があってなかには賞賛に値するものもあるけれども美しくはない。ただひとつ五番目の旅人の行為のみが美しいという。そしてケルナーになぜ美しいのか考えておいて下さいとこの書簡を結んでいる。そこで私もまた読者諸氏にこの行為の美しい理由を考えておいて頂きたくお願いしておく。

八、カリアス書簡――その二

(四) 一七九三年二月十九日付書簡

前回の二月十八日付書簡の最後にシラーはひとつの寓話を述べ、五番目の旅人の行為がなぜ美しいのか考えておいて下さいと書いた。私もそれに便乗して読者諸氏にその行為の美しい理由を考えておいて頂きたいと要請した。ところが実際にはシラーはケルナーに考える猶予を与えず、性急にも翌十九日、本書簡をしたためて解答を書き送っている。おそらくシラーの頭の中は自分で創作した寓話のことで一杯になっており、一刻も早くその寓意を伝えたかったに違いない。悠長に構えてはいられなかったのである。

五番目の旅人の行為が美しいのは、もとより他の行為とは異なるその行為の特質にある訳だが、それをシラーは自分を犠牲にすることなのに、自発的に、しかもあれこれ考えずに助けたところにあるとする。すなわち五番目の旅人のみ、助ける際に自分のことを忘れてしまい、「義務を、あたかも単に彼の内なる本能が行うごとくに、やすやすと果たした」のである。それゆえ道徳的行為はおのずと生じる自然の作用のように見えるとき、はじめて美しい行為になる。自由な行為は、心の自律と現象における自律が一致するとき、美しい行為なのである。「この理由から人間の性格的完全性の極致は道徳美です。なぜならば道徳美は人間にとって義務が自然になるときに限って生じるからです」。

それゆえ実践理性の命令に従って行われるいわゆる道徳的行為は必ずしも美しくはない。その行為が理性の支配下に置かれている限り、人間の感性に強制が加えられていると見られるからである。言うまでもなく感性が犠牲にされていると見えれば、我々はそれに苦痛を覚える。人間にとっては自由が最高のものであり、何であれこれに制約が加えられているとすれば我々は不快になる。したがって道徳的行為であっても、現象的には自由な行為と見えなければならないのである。

これは道徳的行為がそれとして見られるような段階に留まるのではなく、もはやそれとは見えないほど高次の境地に達していなければならないことを意味する。そのような境地に達してはじめて自由な行為の外観を呈することになる。そしてかかる行為が可能となるためには、行為主体において理性と感性が離反し対立していてはならず、両者が完全に調和して自由の状態になければならない。これは人間性の完成の理想と言ってよく、この理想美こそが道徳美にほかならないのである。

さて本書簡は極めて短いものであるが、私はかえってここにシラーの美学思想の本質と特色が鮮明に示されていると思う。前述したようにカントにおいては美の自律性を主張するために美的対象をおのずから自然界に限定せざるを得なかった。本来の美は自然においてのみ成立するのであった。人間を対象にするならば、たちまち目的と完全性の概念が介入するために、人間美は非本来的な附随美に属すしかなかった。これは劇作家としてつねに人間の行為を考察してきたシラーにとって、許容できないカント美学の欠陥であった。そこで人間の行為を中心にした美学、カントのいう非本来的な美をむしろ本来の自由美とするような美学を樹立することが、シラーの課題となった。人間の行為を対象にする限り、美の自律性は主張できない。行為の美が成立するためには、どうしても行為の特質、つまるところ行為主体の人間性が問われるのであり、美の概念は道徳のそれと結びつき重なり合う。換言すれば美と道徳の合致する人間性の美学がシラー美学の特色であり、その美学は同時に倫理学でもある。「現象における自由」は美の概念であると同時に道徳の概念でもあり、しかも経験的事実に照らして検証可能なかかる概念を巧妙に演繹してきたシラーの思考力には改めて感嘆せざるを得ない。シラー自身、本書簡の最後で、「カントの美論も含めて、すべてのこれまでの美の説明のなかで、この非本来的な美をここで私がなしたと信じるように満足のいくかたちで解決したものがひとつでもあれば言ってほしく思います」と自慢しているのも、むべなるかなと思うのである。

㈤　一七九三年二月二十三日付書簡

本書簡はカリアス書簡のなかでは最も長文であり、かつ一読した限りでは最も分かりにくい。シラーの論じようとしているテーマは最初の部分に示されていて、美と名づける事物の性質が現象における自由と全く同一のものであることはまだ全然論証されていないので、これを行うというのである。そして「I 現象における自由は美と同一である」という表題が掲げられ、その論証が進められるのであるが、まずもってこの表題が奇異に思われよう。というのはすでに「美は現象における自由である」ことは明らかにされているからである。したがって我々は「現象における自由は美と同一である」という場合の美と、「美は現象における自由である」という場合の美は、等しく美ではあってもその内容が全然別物であることを理解しなければならない。後者の場合はすでに明らかなように人間の行為の美を指すのであった。「現象における自由」というのは、現実のある場面で実際に自由闊達に行動する人間の姿にほかならない。これに対して前者の場合の美は、事物(Ding)の性質を指すのである。ここでいう事物には人間以外のすべての自然あるいは人工の産物が含められる。しかし人間は事物ではない。しかも自由というのは理性にかかわる観念であり、人間にのみ固有のものであって、事物に関しては適用できない。けれども事物の世界にも確かに美は存在する。したがって人間の美についての規定である「現象における自由」を、事物の美についても適用できるように拡充するか、変容する必要がある。そのための手続きが、そうとは断らずに行われているので、一読したところでは難解なように思われるのである。

さて自由の概念を事物に対して適用するにはどうしたらよいか。シラーは自由であることは自己自身によって規定されていることであり、内から規定されていること(Voninnenbestimmtsein)と同じであるとする。つまり対象が外から規定されていないこと(Nichtvonaußenbestimmtsein)の表象を与えなければならないのであるが、対象の形式を受け取るのは我々の悟性であるから、それは対象がある規則(Regel)を容れるような形式をもち、かつそれを示すということである。そして規則を示唆する形式は、技術的(kunstmäßig)あるいは技巧的(technisch)と呼ばれ、対象の技巧的形式だけが悟性を促して規定されたものに対して規定するものを追求させる。それゆえそのような形式のみ必然的に内から規定されていること、つまり自由の表象を導くことができるというのである。

こうしてシラーは美の第二の根本規定、「美は技術性における自然(Natur in der Kunstmäßigkeit)である」を提出する。これが、人間の行為についての美の根本規定を事物に適用可能なように改変したものにほかならず、端的に言えば事物の美の規定である。ここで自然という概念は、勿論、対象としての自然をいうのではなく、事物のあり方を指しているのであり、規則における自由、あるいはひとつの事物を他の事物と区別させる「事物の人格のようなもの」を指すのである。例えばある事物に特有の形式から必然的に出てくる運動はその事物の自然に属し、これに対して事物の特有の形式とはかかわりなく重力の一般法則によって事物に押しつけられるような運動は、その事物の自然外にあり、他律を示すことになる。それゆえいまある動物が質料に近づいて行き、単に重力に従うだけのように見えるのに比例して、その動物の美は減じて行くことになる。そこで動物類のなかでは飛翔中の鳥が、形式に征服された質料というものを最もよく示していることになり、つまりは美しいということになる。

動物であれ植物であれ、また人工物であれ、自然とはその事物の存在の内的原理が同時にその形式の根拠としてみられたもの、すなわち形式の内的必然性であり、形式に自己自身に対する自律があることである。したがって技術性における自然とは内的な本質と形式との純粋な合致であり、事物それ自身が規則を与えそれ自身によって従われるような事物の客観的性質なのである。

さて我々は以上にみてきたシラーの美の概念をいかに評価すべきであろうか。さしあたり比較の対象としてカントの「目的なしの合目的性」という自然美の規定を挙げねばならない。シラーは、これまで美の性質と考えられてきた完全性とか合目的性はそれ自体では美と関係なく、ただ事物の自然、つまり自律と結びつく場合のみ意義を有すると主張する。ということはシラーの第二規定の方がカントの場合よりも概念の指示範囲が広いということであろう。実際、シラーは事物の具体例として自然の有機体のほか、風景やさらには器、衣服、詩、素朴なもの、教授法、波状線、礼儀作法などを挙げており、カントの場合よりもはるかに広範囲にわたっている。しかし一方でこのことはシラーの美の概念がカントのそれよりも曖昧なことを意味する。自然の有機体の美についてはカントの規定の方が厳密であるとしてよい。

それに自然美の規定に技術性という概念を用いているところが気になる。自然の技術というのは古代的な思想であり、近代人である我々は技術概念をもっぱら人間の営みに対して適用する。技術の美はただ人工物において成立すると考えている。ところがこれについてはシラーはカントの「自然は、それが技術のように見えるとき美しい。そして技術は、それが自然のように見えるとき美しい」(『判断力批判』第四十五節)という命題を引用し、美が技術性における自然であることはカント自身が認めていると弁解がましいことを言っている。そうであるならばシラーはあえて自然物や技術物の美について考察を加える必要はなかったのではあるまいか。ただし技術の中に含まれる芸術の美についてシラーは次の書簡において詳論しており、この点でシラーを評価してよいであろう。カントの場合、芸術美は自由美と附随美のいずれに属すのか曖昧であり、それについて十分な考察が行われていないからである。

㈥　一七九三年二月二十八日付書簡

本書簡では、「I　芸術の美」という表題の下に、もっぱら芸術美の考察が行われている。先に触れたように「技術性における自然」という美の第二規定は、むしろ芸術の場合に相応しい。なぜならば芸術がある対象の表現（Darstellung）において成立することは言うまでもなく、ここで重要なのは表現の技巧であり、もしも技巧がぎこちないものならば、当然、作り出された形式は不恰好なものとなるからである。したがって技巧は作品の形式の根拠とみられるものであり、形式の内的必然性であって、さらに形式が美しくあるためには形式は自己が規定するとともに自己によって規定されるものでなければならない。つまり技術性における自然とは前述したように作品の内的必然性と形式との純粋な合致であり、これこそ芸術の美であろう。

シラーによれば、芸術の美には、(a)選択または素材の美——自然美の模倣と、(b)表現または形式の美——自然の模倣の二種がある。前者は芸術家がなにを表現するかが注目され、自然美の条件に制約されることが多いのに対し、後者は芸術家がいかに表現するかが注目され、芸術に特有のものであるから、これが狭義の芸術美である。

さて表現または形式の美は芸術家が対象——表現すべきものの自然——を自由に表現することによってもたらされる。ところで表現は、表現すべきものとは物質的に全く異なる媒体によって行われるから、媒体それ自身の個性と自然は十分に克服されて形式のなかに消えて行かねばならない。例えば彫像においてわずかでも大理石の自然に基づくような特徴があれば、他律が作用するため、その美が損われる。堅く、乾いた大理石の自然は、しなやかで柔らかな肉体の自然のなかに滅却されねばならない。他方、素材に働きかける芸術家も、各々固有の自然をもっている。この芸術家の自然、すなわち芸術家固有の趣味も、表現において滅却されねばならない。もしもそれが現れるならば、その表現は我流(Manier)となる。我流の反対は様式(Stil)であり、これは一切の偶然の諸規定から表現が独立していることを意味する。すなわち表現の純粋な客観性こそよい様式の本質であり、諸芸術の最高原則なのである。ともあれ表現すべきものの自然は、素材の自然と、芸術家の自然によって損われてはならず、もしも損われたならば自由な表現とはいえない。そこで偉大な芸術家は我々に対象を示し、中庸の芸術家は自己自身を示し、劣悪な芸術家は素材を示すと言える訳であり、シラーはこれを当時活躍していた四人の俳優の演技を例にして具体的に説明している。

そしてその後でいわばシラーの専門分野である文芸について、その表現の美に触れている。この場合の媒体は言うまでもなく言葉であるが、この媒体の自然は普遍的・抽象的なものに向かうところにあり、文芸的表現の課題である個別的なものの表示とは矛盾するので、そこには他律が入りこむ恐れがある。そこで作家は言語の普遍への傾向を彼の技術の偉大さによって克服しなければならず、言語の自然が言語に与えられた形式によって完全に滅びるとき、「言語の束縛のなかにおける自然の自由な自己行為」である文芸的表現の美がもたらされると説く。

さて本書簡の最後に、続きは次の郵便日に、と書かれているものの、ケルナーのもとにはいつまで経っても続きが送られてこなかった。ケルナーの方ではシラーの美論についての研究を送り、さらに書き続けることを促したが、結局、カリアス書簡はここで中断されたまま終わったのである。シラーの側には諸般の事情があったけれども、おそらく、当面、美について思索すべき事柄を一応は済ましたと考えたためであろう。

フリードリヒ・シラー。L・ジマノヴィツによるパステル画、一七九三年。

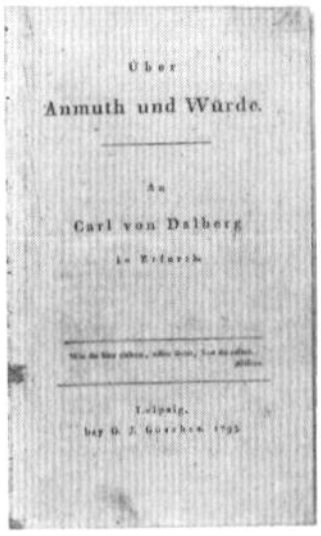

Über
Anmuth und Würde.
An
Carl von Dalberg
in Erfurt.
Leipzig,
bey G. J. Göschen 1793.

『優雅と尊厳について』扉(『タリーア』別冊)。

九、優雅と尊厳

一七九三年の四月は、宿痾が再発してシラーはほとんど何も、手紙を書くことさえもできなかった。五月になっても三日のうち二日は臥せざるをえない状態であったが、疾病の間隙をついて論文二篇を急遽書かねばならなかった。これは五月二十七日付ケルナー宛書簡によるならば、『タリーア』誌の論文の持ち合わせが底を突いたからである。その論文のひとつが『優雅と尊厳について』(Über Anmut und Würde)であり、『新タリーア』第三巻第二号に掲載され、同時に小冊子としてライプツィヒの書肆ゲッシェンから刊行された。六月二十日付ケルナー宛の書簡によれば、これを書くのに六週間を要したとのことであるが、病気と闘いながらであるから勤勉であったと認めてほしいと述べている。またこの小冊子はかつて病気療養の折に世話になったエアフルトのカール・フォン・ダールベルクに捧げられているが、「私の美論の一種の先触れ」であり、これと共通する素材を用いた美の分析は間もなくアウグステンブルク公子宛の書簡において行うつもりであると伝えている。

いずれにせよ『優雅と尊厳について』はシラーが公にした最初の美学研究であり、カントのいう非本来的な美の中心である人間の美を追求したものである。あるいはシラー自身の「現象における自由」を具体的な人間の行動に即して解明したものといえる。優雅も尊厳もそのような人間の行動の美を指示する概念であるから、著しく倫理的色彩を帯びることは言うまでもない。ともあれこの論考の概略の内容は次のごとくである。

古代ギリシア人はすでに神話において美の女神ヴェーヌスと優雅の女神グラーツィエによって美と優雅を区別していたが、優雅とは何であろうか。それは美から美ならざるものへと移行したものであるが、主体自体に必然的に与えられる固定美とは違って、主体においてたまたま成立し、同様に失われる運動美(bewegliche Schönheit)である。このように優雅は主体にとってある偶然的なものであるが、すべての偶然的な運動の美が優雅であろうか。明らかに自然の運動には優雅はないから、人間の魂を原理とする随意的(willkürlich)運動からもたらされる。なお単なる自然力によって規定される人間の形態美、例えば四肢の幸運な関係、流れるような輪郭、好ましい膚の色、柔かい皮膚、上品な容姿、響きのよい声など——これを構築美と呼ぶ——が、ただちに優雅をもたらさないことは言うまでもない。人間は人格(Person)としてそれ自体が原因である存在であり、みずからを自由のうちに規定するのであるから、優雅は自由の影響の下にある形態の美と言ってもよい。

さてしかし人間のすべての運動において、優雅が可能なのではない。人格は身体によって運動を描くのであるが、これには意志によるもの——すなわち随意の、あるいは目的をもった運動――と、意志によらない、必然性の法則によるが、しかし感情がきっかけとなる運動がある。この後者を共感的運動と呼ぶならば、これは不随意(unwillkürlich)で感情に基づく運動である。なおこれを感性的感情能力、つまり自然衝動の運動と混同してはならない。自然衝動の行為は人格の行為ではない。つまり共感的運動は道徳感情あるいは道徳心意の伴ったものなのである。ところで理論上はこのように随意と不随意の運動が分けられるが、現実には必ずしも両者が分けられない場合がある。そして随意の運動でありながら、その運動の方式が人格の感情状態によって共感的に規定されるようなとき、優雅が成立するのである。すなわち優雅は随意の運動を要求するが、他方ではあらゆる随意的なものを締めだし、不随意なものであるか、あるいはそう見えねばならない。したがってまた主体みずからは自己の優雅について知っているように見えてはならない。ついでながら模倣された、あるいは学習された優雅がある。演技的、舞踊的優雅と言ってもよい。しかしこれの真の優雅への関係は、化粧美の構築美に対する関係のようなものである。

なおまた運動が優雅であるためには、狭い意味で言表的でなければならず、この反対は無口である。人間は自己の意志によって行為する人であり、他人の理性の光を反射させるだけでなく、自分の光で輝くべきである。ここにおいて理性は人倫の表現を求め、目は美を求める。同一対象にこの二つの要求が出されているので、同一の根拠により両者を満足させねばならず、ここに困難がある。道徳を表現する運動は道徳的根拠を有さねばならず、これは感覚世界の外にあり、美は感性的根拠を有さねばならず、これは感覚世界の中にあるから、両者を結びつけるべき優雅は矛盾を含むようにみえる。これを解消するには道徳的根拠が、優雅の依っている感性のうちに、美の自然条件をそれ自身含むような状態を必然的に産みだしているとしなければならない。比喩的に言えばこれはある君主国が、ただ君主一人の意志に従って統治されていながら、個々の市民は自分自身の考えで生き、自己の傾向性に従っているので自由な統治と呼べるような状態である。つまり精神が感性的本性のうちに、その意志を忠実に成し遂げ、道徳感情を言表的に現しながら、現象としての感性の要求を犯すことなく現れるとき、優雅が成立するのである。精神が感性のうちに強制をもって現れるときも、また感性の自由な効果が精神の表現を欠くときも優雅はみられない。

人間の自律については、理性的本性の高次の要求に合わせるために感性的本性を押えつけるか、あるいは逆に自己の理性的部分を感性的部分に従属させるか、あるいはまた感性の衝動を理性の法則と調和にもたらし自己自身と合致するか、の三様の場合が考えられる。ところで感性を支配する理性も、理性を支配する感性も、表現の美と合致しないから、第三の場合の理性と感性、義務と傾向性の協調する心意の状態に遊戯の美の起こる前提がある。義務からの行為と傾向性からの行為とは客観的意味では相互に対立するが、主観的意味ではそうではなくて、両者を結びつけてよいし、義務と快とを結びつけるべきである。道徳法則の命令形式により人間性は卑しめられるべきではない。二つの原理が人間のうちで協調しているのが完全な人間性の印であり、「美しき魂」(schöne Seele) のもとに人々が理解しているものである。

「美しい魂と呼んでいるものは、倫理的感情が人間のすべての感情を最終的に保証して、感動に意志の指導をはばかるところなく任せ、その決定が矛盾として現れる危険がないことをいう。それゆえ美しき魂では個々の行為が本来、倫理的なのでなく、全性格が倫理的なのである」。そこにおいては無造作に本能からのごとく行為しながら最も苦しい義務を遂行し、英雄的な犠牲的行為が自然衝動の自発的作用のように見えるのである。しかも美しき魂みずからは、その行為の美を知らず、また別様に行為し感じうることも思いつかない。「したがって美しき魂においては感性と理性、義務と傾向性は調和し、優雅はそれが現象に表れたものである」。美しき魂は構築美に欠ける人間に拒みがたい優雅を注ぎ込み、しばしば自然の欠陥に対して勝利をうる。そこから発するすべての運動は軽やかでしかも活気に満ちている。眼は明るく自由に光を放ち、感情も同様に輝いている。顔つきに何の緊張もなく、随意の運動に何の強制も認められず、その声は音楽である。構築美は満足、感嘆、驚きを引き起こすが、優雅はうっとりさせる。美は崇拝者をもち、優雅のみ求婚者をもつ。なおこの優雅は柔かな身体構造をもち、道徳が多分に傾向性に依存する性格をもつ女性により多く見出せる。

それでは尊厳とは何であろうか。優雅が美しき魂の顕現ならば、尊厳は崇高な心術(erhabene Gesinnung)の顕現である。感性と理性の内的合致をうちたて、調和のとれた全体的人間性において行為することは、人間に課せられた使命であるが、しかしこの円熟した人間性は単に理念であって、それへの努力は完全に達せられることがない。その理由は人間存在そのものが物理的に制約されていて、自然の必然性に従わざるを得ないからである。すなわち自然衝動が感情能力に強制的に押し寄せてくるのであって、この点で人間は動物と変わらない。しかし人間には自然の法則にも理性の法則にも巻き込まれない超感性的能力としての意志がある。そして単なる意志でさえ人間を動物性から高め、道徳意志は人間を神へと高める。ここで注意すべきは、意志はその本来の力としては自然と理性のどちらの味方をしてもいけないのだが、道徳力としては自然ではなくて理性の味方をすべきだということである。自然衝動が道徳法則にそむく行為を要求して自然の立法と理性の立法が衝突するような場合、意志のなすべき義務は自然の要求を後回しにして理性の声を聞くことである。

しかし自然の要求は人間存在の必然性に発するゆえに極めて強固であり、その充足を意志に迫って止まない。しばしば激情の盲目力が意志に襲いかかり、理性に発言を求めるいとまを与えないことがある。本来、理性に問い合わせることさえ自然の侵害なのである。したがって激情においては理性法則との合致はただ自然の要求との矛盾対立によってのみ可能である。つまり傾向性と義務、感性と理性との合致は不可能であり、人間は調和的本性において行為できない。この場合、最終的には理性的に行為するしかないのだが、その行為は道徳的に美しいのではなく、道徳的に偉大なのである。したがって美しき魂は激情においては崇高な魂に変わらなければならない。そして「道徳力による衝動の支配が精神の自由であり、尊厳は現象におけるその表現をいう」のである。

この激情そのものに関わる運動は感情から直接発する不随意な運動である。これが意志によって抑制されるのであるから、血管はふくれ上がり、筋肉は引きつり、声は詰まり、下腹部が圧迫されるが、随意な運動は安らかで、顔付きはこだわりなく、目と額は晴れやかなのである。こうした苦悩における平静に尊厳が成立するのであって、尊厳は自立した精神が自然衝動に対して行う抗争の表現である。
完全な人間性の理想は抗争ではなく、道徳と感性との協和を要求するから、尊厳とは合わない。美徳に必要なのは優雅であり尊厳ではない。尊厳は人間性を越えていくのである。優雅と尊厳は相異なった領域をもつから、同一人格において両者は互いに排除しあう。とはいえ構築美に支えられた優雅と、力に支えられた尊厳が同一人格において合体するならば、これは人間性の完全な表現である。その場合、我々は交互に引き付けられ、突き離される。尊厳では感性的なものが道徳的なものに従属し、尊敬の感情を引き起こす。優雅では理性がその要求を感性のうちに満たすのであるから好意――愛の感情を引き起こし、愛のみが自由な感情なのである。

以上の要約に明らかなように優雅も尊厳も運動する人間、つまり自由意志に基づく行為する人間の姿を現象的に捉えた概念であって、これが単純に美と呼ばれないのは前述したように人間に関しては非本来的な美しか成立しないからである。人間について美が言われるとするならば、それは自然的所与としての人間に対してだけである。現に理性をもって活動し行動する人間については美しいという形容は適切でない。それゆえ優雅は純粋な美的概念ではなく、倫理的概念でもあり、卓越した調和的人間性を指示する概念である。

尊厳も同様に美的・倫理的概念であるが、美しい魂に対して崇高な心術という概念を持ちだしたのは、当時、崇高が美と並ぶ別種の美として一般に論題にされていたからである。特にカントの『判断力批判』の第一部「美的判断力の分析」の内容が美の分析と崇高の分析とを並置する構成になっており、シラーもおそらくこれに倣って崇高の研究を始めていたためである。

実際『優雅と尊厳について』と同時に一七九三年春に書かれたもうひとつの論文は『崇高について』(Vom Erhabenen)であり、これは『新タリーア』誌第三巻の第三号と第四号に掲載された。ただしこの論文は前半の部分がまだカントの崇高論に片寄っていて未熟だと考えたためか、後の一八〇一年に刊行された『小散文著作集』第三巻に収録する際に削除し、後半部のみ『荘重について』(Über das Pathetische)という別の表題を付して収録した。その代わりにその著作集には未発表の『崇高について』(Über das Erhabene)という類似した表題の論文を収録している。この後者の論文の執筆時期は定かではないが、内容から推察すれば最初の崇高論の二・三年後に書かれたとしてよい(この論文の邦訳は浜田正秀訳『美的教育』玉川大学出版部刊に収められている)。

ともあれ崇高についての考察は先の『カリアス書簡』にはみられず、これが加わることによりシラーの美学思想の内容は一段と深まり拡充されることになる。もとよりシラーの中心課題が美の探求にあることは言うまでもない。この美はこれまでのところひとまず「現象における自由」として規定されたが、これはカント的な自然美ではなく、また身体のプロポーションを基本にする古典美とも異なり、自由意志に基づき行動する人間美であり、これが美しき魂の表出としての優雅であった。それは感性と理性の調和によってもたらされるのであるが、しかし人間はそもそもそのような完成された理想的人間性に達することができるのであろうか、あるいは達し得たとしてもそのような境地に憩い安らぐことができる存在であろうか。我々の外には広大無辺な砂漠や大海原、峨々たる山岳、荒れ狂う暴風雨、洪水、噴火といった自然が存在し、内には押え難い自然衝動、思わざる不運や病気や死といった自然が存在する。このような測り知れない恐ろしい自然の美が崇高であり、崇高によって感性と理性の調和は破られ、崇高を前にして人間の無力なことを悟るが、また崇高を通してはじめて人間性の限界を越える可能性も開けてくる。人間中心の美学にかかる種類の美の考察は不可欠であり、とりわけ人間の苦悩や過失に関心を抱くシラーの場合、崇高は重要な意義を帯びることになる。

ヨハン・カスパル・シラー。L・ジマノヴィツによる油彩画、一七九三年。シラーの父で当時七十歳。

エリザベタ・ドロテーア・シラー。L・ジマノヴィツによる油彩画、一七九三年。シラーの母で当時六十一歳。

十、人間の美的教育――その一

一七九三年の春、シラーはすでに触れたように宿痾の再発に悩まされたが、妻シャルロッテも健康状態がすぐれず、しばしば床に臥せていた。結婚以来三年間、看病ばかりさせてきた思いのあるシラーは大いに心配して家庭医に見せたが要領を得ない。そこで故郷シュヴァーベンのさる高名な医者の診断を受けに、一度故郷に連れ帰ろうと考えた。シラー自身も、年老いた父を想い、望郷の念にかられていた。そのうちシャルロッテの不調は妊娠したためと分かり心配は薄らいだが、赤児を生むには実家の方が世話が行き届くし、自分の療養のためにもよいと判断し、夏、八月一日シュヴァーベンへの旅に出た。

ニュルンベルクを経て、八月八日自由都市ハイルボルンに着き、そこで滞在許可の下りるのを待機した。シラーは追放の身であったからあらかじめそれを出願していたのである。ところがカール・オイゲン公からは何の返事も来なかった。ハイルボルンからも請願書を出したが、梨のつぶてであった。やがて返事がないのは滞在を黙認しているためとの情報を得て、妻と共に九月八日思いきって父母と妹ルイーゼやナネッテのいる

フリードリッヒ・シラー。J・H・ダンネッカーによる石膏胸像、一七九四年。

ルートヴィヒスブルクのゾリチュードに移り住んだ。二十三歳の時に逃亡してから、実に十一年ぶりに故国に帰ったのである。

ルートヴィヒスブルクに移った六日後の九月十四日、待望の長男カールが誕生し、シラーは無上の幸せを味わった。十月二十四日、迫害の主オイゲン公があっけなく逝去した。したがってそこの居心地はよくなったはずだが、冬に向かってシラーは逆に意気消沈していった。故郷の空気も期待したほど療養に効果なく、幼な友達は田舎者くさくなって、精神的刺激が得られなかったからである。マールバハやロルヒは訪れなかったようだが、テュービンゲンにそこの哲学教授となっていた恩師アーベルを訪問し、またそこで若い出版主コッタと知り合った。ともあれ翌一七九四年三月、疾病が流行しだしたのをしおにイェーナへ帰る決心をした。帰途、活気のあるシュトゥトガルトに約二か月滞在したが、その間彫刻家の旧友ダンネッカーはシラーの胸像を制作し、シラーは以前から彼の著作の出版を望んでいたコッタと月刊文芸誌『ホーレン』(Horen)の刊行を約束した。こういう訳でイェーナに帰着したのは五月十五日であった。

さて前回触れたように一七九三年六月二十日付ケルナー宛の書簡でシラーは『優雅と尊厳について』は「私の美論の一種の前触れ」とみてほしく、(いわば本格的な)美の分析はアウグステンブルク公子宛の書簡において行うつもりであると述べていた。シラーの美学研究はアウグステンブルク公子の経済的援助によって可能となったのであるから、その研究成果は当然公子に献呈されることになろうが、シラーはそのようなありきたりの謝意の表明の仕方では気が済まず、直接公子に書簡で研究成果を送付することを計画していたのである。すなわち一七九三年二月九日にシラーはかなり長文の書簡を公子に送っているが、まず無沙汰を詫び、カント哲学、特にその美学の問題点を指摘したのち、「私は美の哲学に関する私の理念を公衆に提示する前に、一連の書簡において貴殿に向け、少しずつ送付したいと考えています」と書いている。当時シラーはケルナーといわゆる『カリアス書簡』を交わしていた最中であって、特にこの書簡の書かれた前日の二月八日付の書簡では、既述したように美の概念の演繹を試み「現象における自由」という独自の美の概念を導出するのに成功したところであったから、多分、喜び勇んで直ちにこれを公子に伝えねばと思い立ったのであろう。書簡形式を採用したのは、美を自由に生き生きと論ずるのにはこれが最適と考えたからであるが、またケルナーの場合のように公子の批判というか反応を期待したからである。しかしこれはいささか無理な注文というべきで、実際には期待した返事は寄せられずに終わった。

ところでケルナーとの間には先にみたように頻繁に書簡の交換が行われたものの、アウグステンブルク公子に約束の書簡が出されたのは『優雅と尊厳について』等を書いた後の七月十三日であった。さらに暫く間を置いて故郷ルートヴィヒスブルクより十一月から十二月にかけて集中的に五・六通の書簡が送られた。この書簡数が曖昧なのは、現物が翌一七九四年二月二十六日、公子のコペンハーゲンの居城の火災によって灰塵に帰したためである。しかし幸いなことに十九世紀の中頃になって公子の遺品のなかからこれらの書簡の写しが発見され、これが研究者の間で「アウグステンブルク書簡」

(Augustenburger Briefe) と呼ばれて今に伝わっている。この写しはシラーがそれまで公子に宛てた書簡のすべてを網羅するものではないが、重要なものの大部分は含まれていると推定されている。

その「アウグステンブルク書簡」の主要部分が書かれる前の十月二日、シラーは出版主ゲッシェン宛の書簡において、「カリアスに関してはまだたっぷり一年はかかりそうです。何となれば私はそこに含まれている美論をアウグステンブルク公子への一連の書簡において発展させるべく決心し、すでに二か月前から文通を始めました。この文通は印刷するつもりですし、これがこの専門分野での私の主著であり、これによって我々は面目をほどこしたく思います」と述べている。これからすれば「カリアスあるいは美について」と題する対話体の著作の計画は、この頃、書簡体の著作へと切り換えられたとしてよい。そして一七九四年二月一二日付のケルナー宛の書簡では、その著作を「美学書簡」と呼び、二・三週間のうちにその一部を浄書してお送りできると思います、と伝えている。

しかし手元に残した「アウグステンブルク書簡」の写しをもとにして、これを修正し新たな原稿を作る作業はなかなか進捗せず、これに本腰を入れて取り組んだのは一七九四年の秋になってからであった。その間シラーの思索は著しく広がると同時に深化した。その年の春イェーナに帰ったシラーは早速コッタと約束した文芸誌『ホーレン』の発刊準備に取り組んだ。すなわち当時ドイツで活躍していた多くの文芸作家・哲学者・人文学者と執筆協力の交渉をしたのだが、このためにシラーの知己の輪は大きく広がった。な

ヴィルヘルム・フォン・フンボルト。F・オルダーマンによるリトグラフ。

ヨハン・ゴットリープ・フィヒテ。J・F・ユーゲルによるリトグラフ。

かでも親交を結んだのはヴィルヘルム・フォン・フンボルトである。後にベルリン大学を創設したフンボルトはシラーよりも八歳年少であったが、すでにして恐るべき学識の持ち主であった。彼はシラーの慫慂によりイェーナにやって来て、シラーの家のすぐ近くに住み、二人はほとんど毎日のように会い深更まで論談を重ねた。これによってシラーは教育と古代ギリシアについての思想を深めた。

さらに転任したラインホルトの後任としてイェーナ大学に招聘されたヨハン・ゴットリープ・フィヒテがいる。彼はシラーよりも三歳若年でほとんど無名の哲学者であったが、一七九四年五月イェーナに赴任してから急に華々しく活躍し始め注目されだした。シラーは勿論、同僚として付き合ったが、フィヒテが生来無愛想で妥協の嫌いな青年であったため、それほど親しくはならなかった。しかし『知識学の概念について』、『全知識学の基礎。聴講者のための手控として』（第一分冊）、『学者の使命に関する講義』などその年に次々と公刊された著作からは、哲学の方法論あるいは思惟方式の面で極めて大きな影響を受けたのである。

そしてこの夏ゲーテとの親交が始まるのだが、これについては後に触れたい。ともあれこうした思想家・哲学者との交際から「美学書簡」の内容は次第にふくらみ、九月十二日付ケルナー宛の書簡によれば表題も改められて、ここに旧に倍する長篇の書簡体論文『人間の美的教育に関する書簡』（Über ästhetische Erziehung des Menschen in einen Reihe von Briefen）（以下『美的教育』と略記）が成立したのであった。これは全体で二十七の書簡から成り、シラーが新たに編集創刊した『ホーレン』誌に三回に分けて発表された。したがって若干の問題はあるにせよ、これを三部構成の論文と見なしてよいように思う。少なくともそれぞれの原稿は完成の時期を異にするので、それを基にして一応三部に区分して内容の概略をたどり若干の検討を加えたい（邦訳は浜田正秀訳『美的教育』玉川大学出版部刊に収められているのでぜひそれを読まれたい）。

第一部　第一〜第九書簡『ホーレン』一七九五年第一号（同年一月十五日発行）

シラーは最初に美と芸術に関する研究成果を書き送るが、これは人間本性の道徳的高貴と無関係な課題ではないと、基本的見解を述べている。ところが時代の状況は、欲望と有用性が人間性を圧迫し支配しており、他方では政治的自由の建設が求められているところである。このような時に美を論ずるのは時代錯誤と思われるかも知れないが、自由に達するには美を経なければならないので、決してそうではないと言うのである（第一〜第二書簡）。

以上はいわば序論であり、第三書簡からいささか唐突に人間と国家の考察に入る。その大要は、個人の内なる純粋客観的人間という規範形式によって代表される。そこで人間の感覚的自然的性格に対応する必要国家あるいは自然国家は、道徳的理性的性格に対応する道徳国家に改造されねばならないのだが、道徳国家が理念のなかで形成される間に、時間のなかの自然国家が廃棄されるならば、現実の人間は危険に晒されることになる。それゆえ国家の持続のためには、解消させようとする自然国家に依存せず、しかもまだ未決定の道徳国家にも求め難いある支えが必要である。この支えは自然的性格から道徳的性格への橋渡しをする第三の性格、あるいは性格の全体性（Totalität des Charakters）でしかあり得ないと言うのである（第三〜第四書簡）。この人間と国家の関係を論じた個所は「アウグステンブルク書簡」にはなく、フィヒテの『学者の使命に関する講義』、特にその第二講「社会の中の人間の規定について」に啓発されて書き加えられたものである。なお第三の性格に対応する国家についてはここで何ら言及されていないが、後の第二十四および第二十七書簡からすれば、それが美的国家にほかならない。

そこでシラーは現代にそのような性格が示されているかと問う。シラーの目には野卑と無気力という人間堕落の両極端の姿がみえる。すなわち下級の多数の階層は粗野で無法、狂暴な力を欲しいままにしている。他方、開化した階層は退廃と利己主義の腐敗状態にあり、これは文化自体に源泉があるだけに一層始末が悪いのである。古代ギリシア人において頂点に達した人間性は、学問の分科、職業の細分化により断片化し傷手を負った。再び性格の全体性が確保されなければならない、と主張する（第五〜第六書簡）。これは当時の社会と文明に対するシラーの痛烈な批判である。勿論、今日なお有効で一層切実な批判と言ってよい。我々は洗練された社交性の奥に利己主義をはびこらせてはいないだろうか。自己を失う恐怖から、改善への衝動を窒息させ、受動的な服従という格律を生活の知恵と見なしていないであろうか。

それはともかくここにおいては美の問題は単なる理論上の問題でも自然美観照の問題でもなく、我々人間個人と国家の現実にかかわる政治的問題とされている。これは多分に将来政治の采配を振るうことになる若きアウグステンブルク公子のことを考えて、現代社会の病弊を明らかにし国家指導の方向を示唆したものと言えよう。

その際格別の意味をもつのが性格の全体性の問題であるが、これを確保する手段を国家が供給できないことは、現在出来上がっている国家がほかならぬ人間諸力の断片化、一面化を招いていることからして明らかである。まずもって人間の内面における分離が再び解消され、より良い人間性が築かれねばならない。時代は啓蒙され、知識は発見されている。今や理性が見出した法則を勇気ある意志と活力あふれた感情が執行しなければならない。真理みずからが力とならねばならない。つまり感覚の世界における唯一の活動力たる衝動（Trieb）を立てねばならない。感覚能力の訓練が時代の緊急必要事である。国家の改善は性格の高尚化からもたらされるとしても、野蛮な政治体制下で性格を高尚化するための道具を見つけなければならない。この道具が芸術である。芸術は政治や時代を超越し得るものであり、芸術家は可能性と必然性の結合から、虚構と真実のなかに、理想の形式を創造しなければならない（第七〜第九書簡）。

以上第一部の内容はその結論をもって約言すれば芸術と美によって性格の全体性を回復すること、あるいは性格の高尚化を計ることが、時代の最も緊急な課題であることを説くにあり、これはそれと明言されてはいないが美的教育の理念とその必要性を論じたものと言ってよい。つまり第一部に関する限り本論文の表題は適切であり、シラーがアウグステンブルク公子をはじめとする国家の指導者層あるいは知識人に端的に訴えたかったのはこの感性の陶冶ということであった。

シラーの美学思想〔十一〕

十一、人間の美的教育――その二

前回論及した『美的教育』第一部における国家改造論と時代批判は、それと明言されていないがフランス革命の動乱を背景にして書かれたものである。この大革命がフランス以外の近隣諸国にも甚大な影響を与えたことは言うまでもない。当初シラーはパリ市民の蜂起（一七八九年）に始まる市民革命を封建制の瓦解とそれに代わる共和制の誕生とみて、それを支持していた。それかあらぬか『群盗』の作者としてフランスでも知られていたシラーは、一七九二年十月十日、国民議会から「フランス市民」に指名された（もっともこの告知書をシラーが手にしたのはずっと後の一七八九年三月一日であった）。ところがルイ十六世の処刑（一七九三年一月二十一日）から恐怖政治へと革命が意想外の展開を示すに及んで、その醜い権謀術数と背信の悲惨に呆れて完全に失望したのである。シラーの考えでは国家の改造はスムーズに行われねばならず、国家存続が危うくされたり、ましてや人間存在が危険に晒されてはならないのである。時計工が時計を修理するとき歯車を停止させるけれども、「国家という生きた時計は時を刻んでいるままで改善されねばなりません。ここで大切なのは動いている歯車を回転中に取替えねばならないことです」（第三書簡）。そしてこれは国家を構成する個々の人間が感性の陶冶によって改善される場合のみ可能なのである。そこでシラーは、「経験の世界で政治的問題を解決するには美的問題を経なければなりません。なぜなら美を通ってこそ人は自由に辿りつくからです」（第二書簡）と言うのである。

第二部 第十〜第十六書簡『ホーレン』一七九五年第二号（同年二月二十日発行）

こういう訳で人間は粗野と無気力という二重の迷妄から美によって性格の全体性を回復しなければならないのだが、シラーは改めて美にそのような力があるのかと問う。つまり美はどのようにして粗野と無気力という相反する欠陥に同時に対処し、二つの対立する性質を統一できるのかと問うのである。洗練された美的趣味が粗野を醇化《じゅんか》することは経験的事実であるが、他方で美は人間を無気力化するとの主張もある。そこで美の作用を明確にするには、経験的事実に頼らず、経験以外のところに源泉をもつ美の純粋な概念が示されねばならない。すなわち美は人間性の必然的条件として示されねばならぬ（第十書簡）として、シラーは人間の概念そのものから美の概念を演繹しようとする。そしてこれが『美的教育』の中心的部分となっているのであるが、その道程を要約すれば次のごとくになろう。

まずシラーは人間のうちに存続するもの（das Bleibende）と変転するもの（das Wechselende）を区別し、前者を人格（Person）、後者を状態（Zustand）と呼ぶ。つまり人間は一定の状態のなかに見出される人格なのである。状態とは生成であり、実在性へ向かうことであって、みずから創り出した実在性を人間は感覚で受け取るのである。他方、一切の変化のなかで不動の自己を守り、法則を立て、質料に形式を与えるのは理性である。そこで感性的理性的存在たる人間には、実在性と形式性へ向かう二つの相対立する要求が生じ、それへ駆り立てられることになる。これをシラーはそれぞれ感性的衝動（der sinnliche Trieb）、形式衝動（der Formtrieb）と呼ぶ。前者は感性的本性から発し、人間に質料として変化を求める。後者は理性的本性から発し、変化を廃棄して人格の確保に努める（第十一～第十二書簡）。

このように両衝動は相対立するのであるが、両者とも人間そのものにおいて働くのであるから、人間の統一の点からすれば一方が他を侵害したりすることのないよう相互に制限が必要であり、それらをエネルギーと考えるならば緊張緩和が必要である。そこでつまるところ両衝動の相互作用（Wechselwirkung）に人間性の理念が存することになる。そして両衝動が結合して協調的に働く場合は、そこに新たなひとつの衝動が生まれているごとく考えられるので、これを遊戯衝動（der Spieltrieb）と呼ぶ。感性的衝動の対象は広義の生命（Leben）であり、これはすべての素材的な存在と感覚における直接的現在を意味し、形式衝動の対象は形態（Gestalt）であり、これは事物の形式的性質とその思考力に対する関係を意味する。したがって遊戯衝動の対象は生ける形態（lebende Gestalt）であって、実在性と形式との最も完全な結合と平衡をいい、これが広義の美の概念にほかならない。つまり二つの衝動の協調的な相互作用から美が生じるのであるから、美は人間性の完成の理念である。人間は遊戯するときのみ全人（ganz Mensch）であり、この遊戯が対象的には生ける形態であり美なのである（第十三〜第十五書簡）。

以上の人間の規定から美の概念を演繹した部分は、第二部ばかりでなく『美的教育』全体の核心を成すものであり、形而上学的思索を重ねながら「生ける形態」という経験的にも妥当する美の概念を導出した手腕は見事と言うしかない。「生ける形態」は『カリアス書簡』における「現象における自由」よりもはるかに現実性を帯びた概念である。美しい彫像が死せる大理石の塊に生命を吹き込まれて成立していること、美しい人とは形態に生命が躍動している人であることは改めて指摘するまでもないだろう。

ところで第二部の最初の問い――美の作用――に関しては、対立する両衝動の相互作用から当然ながら美に融和作用（auflösende Wirkung）と緊張作用（anspannende W.）を同時に期待できることになる。つまり感性的衝動と形式衝動をその限界内に留めるためには融和作用が、両衝動が力を保持するためには緊張作用がなければならないのである。したがって経験においては融解美（schmelzende Schönheit）と力勢美（energische S.）が存在し、前者は人間にある程度の柔弱を、後者はある程度の生硬をもたらすと言うのである（第十六書簡）。この融解美と力勢美は「アウグステンブルク書簡」では美と崇高となっている。美と崇高はカントにおいては単に並列的に並べられているのに対し、シラーにおいては両者が美の作用から原理的に分化する点は注目に値しよう。

第三部　第十七〜第二十七書簡『ホーレン』一七九五年第六号（同年六月二十一日発行）

第十六書簡の末尾に「私は融解美の緊張した人間への作用と、力勢美の弛緩した人間への作用を吟味する。云々」と次の論題が予告されており、その第三部には当初「融解美」という表題が付されていた。崇高ではなくて狭義の美の作用がテーマとされているのだが、その内容は必ずしも簡単ではない。

まずシラーは、現実の人間は一定の規定状態にあり、制限の下にあるので片寄りが起こっているとする。すなわち感性的衝動と形式衝動のいずれかが一方的に活動するのが緊張の状態であり、融解美はこの二重の緊張を廃棄するのである。ただいかにして廃棄しうるのかとなると、美の源泉を人間の心の中に尋ねる必要がある（第十七書簡）。すなわち美によって感性的人間は形式と思考へと導かれ、また理性的人間は質料と感覚へ連れ戻されることからすれば、受動的な感覚と能動的な思考の間には中間的な状態がなければならないことになる。しかし美は感覚と思考という二つの相対立する状態を結びつけはするが、両者の間にはいかなる中間もないのであって、シラーはここに美学上の解決すべき中心問題があると考えるのである（第十八書簡）。さて人間には受動的規定と能動的規定の二つの状態があるが、すべての規定に先立つ人間精神の状態は無限の規定可能性である。二つの根本衝動と精神を区別すれば、衝動の対立と精神の絶対的統一性は矛盾しない。二つの相対立する根本衝動が人間の中で働き始めると、この二様の強制は互いに相殺して自由を生む。人間が完全で、二つの根本衝動が発展したとき自由が働き始めるのである。ただ人間においては感覚が意識に先行するため、感性的衝動が理性的衝動よりも前に働く。感覚の状態から思考の状態への移行は直接行われるのでなく、いったん、無限の規定可能性が生じなければならない。これは無規定性という消極的な状態ではなくて、感性と理性が同時に活動的な一種の自由な中間的気分であり、その状態は、感性的規定の状態を自然的状態(der physische Zustand)、理性的規定の状態を道徳的状態(der moralische Z.)と名づければ、美的状態(der ästhetische Z.)と呼べる。美的気分によって人間に自由が与えられるのであり、美は我々の第二の創造主といえる。美的状態は無の状態ではなく最高の実在性の状態であり、人間性の完全な表現なのである(第十九~第二十二書簡)。

以上の部分も「アウグステンブルク書簡」にはみられず、おそらく一七九五年になって考察されたものとしてよいが、これを書くのにかなり時間を要したのは、感覚と思考の間隙をいかに埋めるか、すなわちそれを単なる受動と能動の平衡状態ではなく、自由を生みだすダイナミックな状態として規定するのに苦心したためと思われる。これは性格の全体性(第三書簡)および遊戯衝動(第十四書簡)を明確な力として把握することにも関連するので、シラーにとっては重大な問題であった。

さて感覚の受動状態から思考の能動状態への移行には、美的自由という中間状態を必要とする。すなわち人間は個人でも人類全体でも自然的状態から美的状態を経て道徳的状態へと三つの異なった発展の段階を歩むのである。この場合、美的状態から道徳状態への歩みは自由の法則に従えばよいので容易に遂行できるが、自然状態から美的状態への歩みは質料の制限から独立と自由の境へ飛翔する全く新しい活動が始められねばならないので非常に困難であり、何よりも人間を美的にすることが陶冶（Kultur）の最も重要な課題である（第二十三書簡）。

ここにおいてシラーのいう美的教育の意味が明瞭になったと思われる。すなわちそれは美の作用を通して人間を美的人間にすること、あるいは主体的には美によって美的人間になることにほかならないのである。またこの書簡からすれば道徳的状態へ進むことが人間の最終目標のように考えられるかも知れない。しかし前後の書簡に照らしてみれば、道徳的状態は緊張の状態であり、形式あるいは法則の支配する状態である。人間性の完成の理念の上からは明らかに美的状態が理想であるから、美的状態は移行の段階であると同時に最終段階であると解すべきであろう。すなわちいったん、道徳的状態まで進むことがあるにしても、再び美的状態へ帰ってくるものと考えたい。あるいは二つの歩みの難易度が格段に違うことを考慮すれば、美的状態に達したことはほぼ道徳的状態に達したも同然と理解した方がよいかも知れない。

ついでシラーは自然的状態から美的状態への歩みを詳論する。すなわち自然的状態にある人間は単に感覚するだけであり、世界はいまだ存在せず、欲望と強迫の息苦しい制限のなかで徘徊している。人間の中に理性が出現しても、人間性が始まる訳ではない。理性は人間の感覚的依存を無際限にし、そこから解放するどころかその奴隷へと突き落とすこともあるのである。人間が世界を自己の外に立てて観察するとき美が生じるのだが、この場合、感性的な世界を捨て去るのではない。美は観察するゆえに形式だが、感受するゆえに生命でもあり、人間性の可能性を証明するものである(第二十四〜第二十五書簡)。自然的人間のもとで人間性の誕生を示すものは、仮象(Schein)への喜びであり、装飾(Putz)と遊戯(Spiel)への愛好である。仮象の世界が成立するのは想像力の領域においてであるが、仮象への関心は自由の証にほかならず、遊戯衝動が働き始めるとき自由が生まれるのである。力の国と法則の国の中に、力学的な法律の国と倫理的な義務の国の中に、美的形成衝動は第三の遊戯と仮象の国の建設をする。その美しい仮象の国では自然的なものでも道徳的なものでも強制と呼ばれているすべてのものから人間は解放されると言うのである(第二十六〜第二十七書簡)。

以上が『美的教育』の概略の内容である。何分にも平易とは言い難い長篇論文を限られた紙面に圧縮しての紹介であるから分かりにくい点が多々あったかと思う。そこで多少とも本論文の理解に資すると思われる事柄をひとつ付記しておきたい。

前回触れたように本論文の表題は当初「美学書簡」が予定されていた。実際に冒頭の書き出しには「美と芸術に関する私の研究成果を一連の書簡の形式で御高覧に供したい。云々」とあり、第二部の中心的テーマは美の探究であるから、そのような表題が似つかわしいのである。それが「人間の美的教育について」と変更されたのはなぜだろうか。その理由は一言でいえばシラーにとっては美の概念よりもむしろ美の作用の方が重要であり、美の作用を抜きにした美の追求は無意味と思われたからであろう。そして美の作用とは人間に人間性をもたらすことであり、これは美的教育と呼ばねばなるまい。この場合、まず美は人間性への手段であるから、「美による教育」が考えられる。しかしそれに留まらず人間性の理想は美的状態にあるから、端的には美をもたらすことが美の作用であり、「美への教育」が考えられねばならない。つまり美が手段であると同時に目的でもある教育が、シラーの美的教育の理念であるとしてよい。そして肝心なのはかかる美的教育の理念を包含するのが、シラーの美の理念なのである。シラーはこれまでの哲学者たちが論理的な、つまり概念としての美か、力動的な、つまり作用する力としての美のみを扱い、美の全体（Total）を把握していないと批判している（第十八書簡）。シラーには作用としての美と概念としての美とが一体化している美を探求することが課題であった。そして「美は状態であると同時に行為である」（第二十五書簡）と言うように、人間の自由な美的行為による現実の人間と国家の改革を考えていたのである。

フリードリヒ・シラー。J・ティシュバインによる油彩画、一八〇五年。

シラーの美学思想〔完〕

十二、素朴と情感

前回触れたように、『美的教育』の第三部は融解美(狭義の美)の緊張した人間への作用を解明するものであり、第十六書簡の末尾には続いて力勢美(崇高)の弛緩した人間への作用が吟味される旨、予告されていた。したがって『美的教育』は第二十七書簡をもって完結したとは受け取れないのであるが、しかしそこで終わっているのは、美の作用こそが中心的問題と考えられたためであり、崇高の作用についてはそれまで若干言及したこともあり改めて論じるまでもないとしたためであろう。実際、崇高が人間の道徳意志を換起・高揚させて「尊厳」の境地に導くことは経験的にも容易に推察がつくのである。それに加えてシラーは『ホーレン』誌に第三部を発表した直後の一七九五年七月から、七年もの間中断していた詩作を始めており、この創作活動の再開こそがそこで留め置かれた最大の事由であろう。そしてシラーが詩人へと回帰していったのは、何よりも美学研究を可能にした三年間のアウグステンブルク公子からの顕彰金が終わったからであるが、それにもまして親密なる交際を始めていたゲーテに触発されたからであった。

シラーがゲーテと親しく話を交わしたのは前年の一七九四年の夏、七月二十日から二十三日にかけてイェーナで自然研究協会の会議が開催された折である。自然科学の熱心な研究家でもあったゲーテはこれに出席し、そこにおいてシラーと主として原植物をめぐって論議する機会があり、これが両者の親交の発端となった。かつて一七八八年にルードルシュタットにおいて会談した折には、ゲーテの世界と自分のそれとは全然別であり、我々の道はひとつになることはないとまで断言したシラーであったが、今回は、その相対立する世界が意外にも合致しうることを知り、ゲーテの多様性を統一する直観的精神に自己に欠けたものをみて大いに啓発されたのである。同年八月二十三日付ゲーテ宛の書簡の最初のところにシラーは、「あなたとの先日の歓談は私の理念の全体を動かしました。というのはその内容が数年来いつも私の考えてきた問題に関係していたからです。私自身で解決のつけ難かった多くの事柄について、あなたの精神の直観が（私はあなたの理念の全体印象をこう呼ばねばなりません）、私の内に予期せぬ光をともしました」と書いている。さらに一層突っ込んだ対談をしたくなったシラーは、ヴァイマルに出掛け、九月十四日から二十七日までゲーテ邸に逗留し、毎日ゲーテと語り合った。イェーナに戻ってからは頻繁に書簡を交わし、また折々に会った。こうしてシラー三十五歳、ゲーテ四十五歳の時に急速に親しくなった二人は、爾後十一年、シラーの亡くなるまで無二の交遊が続くことになる。

ゲーテがシラーの編集する『ホーレン』誌、および一七九五年末から新たに編集刊行しだした『詩歌年鑑』(Musenalmanach) に協力して数々の作品を寄せたことは言うまでもない。二人はお互いの作品を批評し合って相手を励ましたり、数多くの風刺短詩 (Xenien)

を共作したり、原稿や図書を借貸し合って読後感を伝えたり、高邁な思想から生活上の情報にわたって密接な交渉を続け、その概略は残された二人の夥しい数の書簡に窺うことができる。ゲーテはシラーの没後二十三年経た一八二八年から翌年にかけて、みずから編集して『シラーとゲーテの往復書簡』全六巻をコッタ書店から出版しているが、そこには一七九四年六月十三日付の『ホーレン』への寄稿を依頼したゲーテ宛のシラーの書簡から、シラーの亡くなる半月前の一八〇五年四月二十六日か二十七日付のシラー宛ゲーテの書簡まで、総計千九通の書簡が集録されている。実にこの書簡集こそそれぞれ比類のない二つの精神の生き生きとした交流と、豊饒なその相互展開の軌跡をしるす希有のドキュメントであり、それゆえに単にドイツ国民ばかりでなく全人類への貴重な贈り物と言わねばならない。

さて二人が親交を結んだころ、ゲーテは自然研究のかたわら『ヴィルヘルム・マイスターの修業時代』を執筆中であった。この長篇小説の最初の巻を見本刷で読んだシラーは、その甘美にして快適な文章に惹かれ、一七九五年一月七日付ゲーテ宛の書簡で、文芸ではすべてが晴朗で生々としており、調和的に解放され人間的に真実であるのに対し、哲学ではすべてが厳格で堅苦しく、抽象的で不自然であると述べてから、「ともかくひとり詩人のみ真の人間であり、最も優れた哲学者も詩人に対してはカリカチュアでしかないことは確かです」と、哲学からの離反および詩作への傾斜を語っている。とはいえ当時は『美的教育』の執筆に打ち込んでいる最中であり、おいそれとは哲学から離れる訳にはいかなかった。一七九五年夏から翌年春にかけては創作活動の再開期であると同時に、美学研究の収斂期と言ってよいであろう。すなわちその間に「理想」「軛につながれたペガサス」「歌の力」「女性の尊厳」「理想と人生」など数多くの優れた詩を作って『ホーレン』や『一七九六年の詩歌年鑑』(一七九五年末発行)に発表するかたわら、「美の必然的限界について」(Von den notwendigen Grenzen des Schönen)『ホーレン』一七九五年第九号、第十一号、「素朴文芸と情感文芸について」(Über naive und sentimentalische Dichtung)『ホーレン』一七九五年第十一号、第十二号、一七九六年第一号、「美的風習の道徳的効用について」(Über den moralischen Nutzen ästhetischer Sitten)『ホーレン』一七九六年第三号、などの論文をものしている。

この三篇の美学論文のなかでは「素朴文芸と情感文芸について」が最も重要である。これが単に最後に書かれた長篇論文であるというだけでなく、シラーがどうしても書かねばならなかった文芸論であったからである。シラーの眼前には詩・戯曲・小説のいずれの分野でも凌駕し難く思えた文芸界の巨人ゲーテがいた。創作活動を再開するにあたり、ゲーテのエピゴーネンと見なされるのをよしとしなかったシラーは、自己の文芸の立脚点について、ゲーテのそれと基本的に異なることについて、旗幟《きし》を鮮明にしておく必要があった。それがこの文芸類型論の書かれた、隠れたしかし重要な理由である。それゆえにそれと明言されている訳ではないが、素朴文芸とは端的にはゲーテの文芸のことであり、情感文芸とはシラー自身の文芸をいうのである。それにまたこの文芸論にはこれまで考察してきた美や芸術についての思想が至るところにちりばめられており、哲学的思考の充実と成熟を示している。ともあれその概論の骨子は次のようなものである(翻訳は石原達二訳『美学芸術論集』冨山房刊に収められている)。

自然であれ人間であれ、素朴な対象に我々は一種の愛と感動的な尊敬を捧げる。そのような対象のうちに静かに安らう創造的生命と内的必然性の理念を感得し、それに惹かれるからである。例えば純心無邪気な子供が感動を惹起するのは、それが我々がかってあったものであり、人工性のなかにある我々には欠けてしまったものを示すからである。つまり素朴にとって必要なのは、人工に対して自然が勝利を占めているということである。

素朴はただ対象にのみ見られるのではなく、考え方の素朴というものがある。子供らしい心術の人間は、しばしば上流社会の人工的環境のなかにあっても、素朴に行動し、素朴に考える。素朴な考え方から言語ならびに動作における素朴な表現が必然的に流出し、これが優雅の最も重要な要素である。

古代ギリシア人の考え方、その風習は、彼らを取り巻いていた美しく単純な自然に限りなく近く、彼らギリシア人は人間性における自然を失っていなかった。それに対して人工の細工物を土台にして成立している我々近代人の環境・状態・風習は、我々をして自然の風光に対しても情感的関心しか抱けないようにしている。つまり「我々の自然に対する感情は、病人の健康に対する感覚と同じ」であって、我々は自然の真実と単純を求めて駆り立てられることになる。

自然が次第に人間の生活から、人間のうちから消え始めるにつれて、それは詩人の世界のなかに理念として、また対象として立ち現れてくる。詩人はもともと自然の守護者であり、「自然であるか、でなければ失われた自然を求めることになる」。ここから全く相異なった二つの詩作の方法が生じてくるのであって、真の詩人は素朴詩人か情感詩人かのいずれかに属する。

素朴詩人は森の中の処女神ディアナのように厳しく近づき難い。こういう詩人は自分を求める心に対していささかの親しみもみせず、対象を極めて素気なく取り扱う。神が宇宙の背後にいるように、彼は作品の背後に立っている。「彼が作品であり、作品が彼である」。例えば古代のホメロスと、近代のシェイクスピアがそうである。

詩とは人間性にできるだけ完全な表現を与えることにほかならないが、人間がまだ純粋な自然である限り、人間は未分の感性的統一として、また調和的統一として働き、その状態にあってはできるだけ完全な現実の模倣によって詩人とならねばならない。

他方、人間が文化の状態に足を踏み入れ、人工の手が彼に加わると、人間のなかの感性的統一は失われる。すると初めの状態では現実に存在していた感覚と思考との間の一致は、いまや理想としてしか存在しない。つまり人間の全自然のそういう調和的協働が単なる理念であるような状態では、現実を理想に高めること、あるいは結局同じことだが、理想の表現によって詩人とならねばならない。「古代の詩人は自然によって、感性的真実によって、生き生きとした現在によって我々を感動させ、近代の詩人は理念によって我々を感動させる」。

現実は限定されているが、理想は無限のものであり、それぞれ詩作の方式が異なるので

ヴァイマルのシラー最晩年の家。当時の銅版画。

あるから、古代詩人と近代詩人、素朴詩人と情感詩人の優劣を単純に比較することはできない。

さて素朴詩人はもっぱら単純な本性と感覚に従い、現実の模倣ということだけに自分を限定しているから、その対象に対しても唯一の関係しかあり得ない。

情感詩人の場合は全く事情を異にし、彼は対象が彼に与える印象について省察する。そしてこの省察に自他を巻きこむ感動が基づいている。つまり情感詩人はいつも限界を与えるものとしての現実と無限なるものとしての理念とを相手にしていることになる。ここから詩人の感覚と描写において二つのうちどちらが勝っているかということが問題になる。それゆえ現実を嫌悪の対象として描こうとするか、理想を愛着の対象として描こうとするのか、という取り扱いの差異が生じ、詩人の表現は風刺的(satirisch)となるか、あるいは哀歌的(elegisch)となるか、二分されることになる。

詩人が自然からの隔りと、現実と理想との矛盾をその対象にするならば、彼は風刺的である。この際、詩人は厳粛に感動的に描くこともできるし、諧謔的に晴れやかに描くこともできるから、懲罰的風刺と諧謔的風刺が分かれることになる。

詩人が自然を人工に、理想を現実に対置して、自然と理想の表現に重きを置き、これに対する快い満足が支配的感情となるような場合、彼は哀歌的である。そして自然と理想が悲哀の対象となって、自然が失われたもの、理想が到達されないものとして表現される場合が狭義の哀歌(Elegie)であり、自然と理想が現実のものとして表象されて、喜びの対象となる場合が、広義の牧歌(Idylle)である。

ヴァイマルの家のシラーの書斎。当時のリトグラフ。机上には『デメトリウス』の手稿の一葉が遺された。

この牧歌は無垢で幸福な人間性を詩的に表現したものであり、自己自身や外部との調和と平和の状態における人間を描くのがその目的である。このような状態は人工的な都会の洗練された市民生活とは相容れないように見えるので、詩人は牧歌の舞台を文化の始まる前の単純な羊飼いの状態へ移した。しかしそのような状態は文化の始まる前にだけあるとは限らず、もし文化が一定の方向をもつべきならば、その最終目標として意図するものである。それゆえ詩人の任務とすべきは、最高の社交的洗練のもとにある文明化した人間にも、もはやアルカディアに帰ることのできない人間をエリュシオンにまで導くような牧歌を創ることだろう。この牧歌の概念は、個々の人間および社会において完全に闘いが和解されるというものであり、現実生活に適用された美の理想にほかならない。

開化していく世紀の人間の間には心の内面形式に基づく根源的な心理的対立が存在する。素朴の性格と情感の性格、自然の必然性によって規定を受けている現実主義者と理性の必然性によって規定を受けている理想主義者の対立である。そして人間的自然の理想はいずれの側によっても達成されていないのである。

以上が「素朴文芸と情感文芸について」の粗筋である。実際には古代ギリシアから当時の西欧までの数多くの文芸作家と作品が登場し、文芸評論あるいは文学史といってもよい趣を呈しており、シラーが文芸の世界に広く通暁していることに感嘆せざるを得ない。「素朴」(das Naive) と「情感」(das Sentimentalische) は単に文芸における二大基本類型の概念であるばかりでなく、古代ギリシア人対近代西欧人、レアリスト対イデアリストという歴史的であると同時に超歴史的な人間の根本類型を意味する概念である。またこれは先に触れたようにゲーテとシラーという文芸史に燦然と輝く二つの巨星を指してもいた。

こうして自己の可能性と限界をみずから明確にしたシラーは、爾後十年間、堰を切ったように『ヴァレンシュタイン』三部作、『マリア・スチュアト』、『オルレアンの処女』、『メッシーナの花嫁』、『ヴィルヘルム・テル』などの不朽の名作を次々と書きあげ、『デメトリウス』執筆中の一八〇五年五月九日、四十六歳でその「情感」に満ちた生涯を閉じたのであった。

シラーはもとより詩人ではあるけれども、これまでみてきたように美学者、それも傑出した美学者でもあった。その研究に従事した期間は短かったが、美学においても不朽の功績を挙げたのである。

第二部

フリードリヒ・シラー

優雅と尊厳について

凡例

・フリードリヒ・シラー（Friedrich Schiller, 1759–1805）が一七九三年に初めて発表した美学の論文 Über Anmut und Würde を翻訳したものである。
・翻訳の底本には、国民版（NA と略記）シラー全集第二十巻（Schillers Werke, National-ausgabe, 20 Bd., Unter Mitwirkung von Helmut Koopmann herausgegeben von Benno von Wiese, Weimar: Hermann Böhlaus Nachfolger, 1962）を用い、適宜ハンザー版全集第五巻（Friedrich Schiller, Sämtliche Werk, Bd. 5, München: Carl Hanser Verlag, 1971）と、レクラム文庫版（Kallias oder über die Schönheit, Über Anmut und Würde, Herausgegeben von Klaus L. Berghahn, Stuttgart: Philipp Reclam jun, 1971）を参照した。本文はいずれの版も Über Anmut und Würde という区分けがなされている。
・本文中のゲシュペルト（隔字体）により強調されている個所は、太字で表示した。また＊印はシラー自身の付けた脚であり、該当段落の後に級数を下げて置いた。
・訳注は括弧付のアラビア数字で示して末尾に置いた。

優雅と尊厳について

ギリシア神話は、美の女神に飾り帯を与えていて、この飾り帯には、それを身に付けている者に、**優雅**を授け、そして愛を手に入れる効力があるとする。まさしくこの女神の神徳は**グラーツィエたち**(1)、すなわち優雅の三女神に付き添われているところにある。

このようにギリシア人は美から優雅を、またグラーツィエたちと呼ばれる神々を**区別した**のであって、かれらはこれを美の女神から切り離すことのできる飾り帯という持物を通して表現したのである。優雅はすべて美しい、なにしろ恋心を挑発する飾り帯はクニドスの女神(2)の**所有物**であるからだ。しかしすべての美は必ずしも優雅ではない、いうまでもなくこの飾り帯が無くてもヴェーヌス(3)はヴェーヌスであり続けるからである。

とにかくこの譬喩に従うならば、美の女神**だけ**が魅力の飾り帯(4)を身に付けており、またそれを他者に貸すのである。天界の輝かしき女王である**ユーノ**(5)がユーピテルをイーダ山上で誘惑しようとするならば、前もってヴェーヌスからその飾り帯を**借り**なければならない。つまり女王殿下は、自身かなり美しく着飾っているとしても、(ユーピテルの妻がそうであることは誰も否認できない)優雅がなくては気に入られるかどうか確実ではないのだ。というのは、高貴な神の女王は自身の魅力によってではなく、ヴェーヌスの飾り帯によって夫ユーピテルの心を捉えられると見込んでいるからである。

しかし美の女神はその飾り帯を手放し、その効力をさほど美しくないものに**譲り渡す**ことができる。つまり優雅は美の**独占的な**特権ではなくて、つねに美の手からではあるが、さほど美しくないものに、それどころか美を失ったものにさえ移行することができるのだ。

この同じギリシア人は、あらゆる精神的長所を備えていても優雅や愛嬌に欠ける男は、グラーツィエたちへ供え物を捧げるよう勧めていた。この女神たちは、ギリシア人によって、なるほど女性の同伴者として思い描かれているが、しかしまた男にも好意的になりうる同伴者として、さらに好い感じを与えたいと思っている男には、無くてはならない同伴者として思い描かれていた。

しかしそもそも優雅とは何であろうか、何よりも最も好んで美と結びつきながら、しかし美と独占的に結びついていないとすれば、美から生じながら、その作用が美を失ったものにも現れるとすれば、美は**それなしに**成立しながら、しかし**それを通して**のみ愛好心を起こさせることができるとすれば。

ギリシア人の繊細な感情は早くから、理性がいまだ**明瞭にする**ことができなかったものに区別を付けていたし、また、ひとつの表現を求めていながら、思考力がいまだ何らの概念をも提供することができないでいたため、想像力からあれこれ形象を借り受けたのである。それゆえに、飾り帯の神話は哲学者の注意を引くのであるが、哲学者はもともと、純粋な自然感覚がその発見したものを貯えている直観へ向かって行き、ふさわしい概念を探し出すこと、あるいは換言すれば、感覚の象形文字を明らかにすることで満足しなければならないのである。

ギリシア人の表象からその譬喩的覆面を剥ぎ取ってしまうと、結局それは次の意味以外のいかなる意味も包含していないと思われる。

優雅は**動く**美である。すなわちその主体に偶然的に成立し、そして同じく偶然的に解消してしまう美である。それによって優雅は主体そのものに必然的に与えられている**固定した**美と区別される。ヴェーヌスは自分の飾り帯を取り外して、一時ユーノに貸すことができる。この場合ヴェーヌスは自己の美を自己の人格と共に手放さねばならないだろう。飾り帯が無ければ、彼女はもはや魅力あるヴェーヌスではないし、美がなければ、彼女はもはやヴェーヌスでもないのだ。

動く美の象徴としてのこの飾り帯はまったく特別な帯であって、それによって飾られている人間に優雅という客観的特性を授けるのである。そしてこれによって、人間そのものではなくて、単に人間の印象を、主観的に、他人の表象のなかで変える他のあらゆる装飾から区別される。ギリシア神話の明確な意味は、優雅が人間の特性に変わること、そしてこの飾り帯を所持している女性は単に愛らしく**見える**だけでなく、実際に愛らしく**ある**、ということにある。

偶然的で外面的な装飾に過ぎない飾り帯は、優雅という**人格的**特性を表示するには、確かに適切な紋章であるようには少しも見えない。しかし人格的特性で、同時に主体から分離できると考えられる特性は、おそらく人格を毀損せずに個人から引き離せるような偶然的な飾りによって具象化されるよりほかないのである。

魅力の飾り帯はそれゆえ**自然的に**作用するのではない。なぜならばこの作用によっては人格そのものについて何も変えられないからである。そうではなくてその飾り帯は**魔術的に**、すなわちその効力があらゆる自然的制約を超えて拡大されるように、作用するのである。この飾り帯という方策(これはもちろんただひとつの臨機の策に過ぎないが)を通して、ある矛盾が解消されなければならなかったのである。その矛盾とは、表現能力が、自然の外にある自由の国にあるものを描くために、自然の内に表現を探そうとするならば、必ずいつも避けがたく巻き込まれる矛盾である。

さて魅力の飾り帯がその主体から離され、そのために主体の本性に何も変化を及ぼさない客観的特性を表現しているとすれば、飾り帯が表せるのは動きの美と言われるものにほかならない。なぜならば動きこそ、ある対象に、その同一性を破棄することなく、起こりうる唯一の変化であるからだ。

動きの美はこれまで述べてきた神話のなかに含まれている二つの要求に満足を与える概念である。この美は**第一に**客観的であり、単にわれわれが対象を受け入れる方式のみならず、対象それ自体に属している。**第二に**この美はその対象に偶然的なものであり、たといわれわれがこの特性を対象に存在しないものと考えても、対象は同一の状態のままである。

魅力の飾り帯は、さほど美しくないものについて、また美しくないものについてさえ、その魔術的効力を失わない。すなわちさほど美しくないものも、美しくないものも、**美しく動く**ことができるのである。

ギリシア神話によれば、優雅はその主体に何か**偶然的なもの**であって、それゆえただ偶然的な動きだけがこの特性を持つことができる。美の理想においては、すべての**必然的な**動きが美しくなければ**ならない**。なぜかといえばその動きは、必然的なものとして、理想の本性に属するからである。**この**動きの美はしたがってすでにヴェーヌスの概念と共に**与えられて**おり、これに反して偶然的な動きの美は、この概念の**拡張**である。声の優雅というものは存在するが、呼吸の優雅というものは存在しない。

しかし偶然的な動きの美は、いずれも優雅なのか。

ギリシア神話が優雅とグラーツィエたちをただ人間にのみ局限していることは、思い起こすまでもないだろう。それはさらに進んで、形態の美さえも人間という種属の範囲内に閉じ込めているのであって、その下にギリシア人がその神々をも把握していることは周知のとおりである。しかし優雅が人間形成だけの特権だとすれば、人間は、単なる自然であるものと共通するような動きについては何ひとつ当然ながら優雅を要求できない。そこでもしも美しい頭の巻き毛が優雅に動けるとするならば、樹の枝、河の波、麦畑の穂、動物の四肢もまた優雅に動けなければならないのであって、これができないという理由はないはずだ。しかしクニドスの女神はただ人間という種属のみを代表し、人間が自然物にして感性的存在に過ぎないような場合には、女神は人間に対して意味を持つことを止めるのである。

そこで意志による動きだけが優雅となりうるのであり、しかもなおこの動きのなかでも**道徳的**感情の表出である動きだけ優雅となりうるのだ。感性以外に何ら源泉を有しない動きは、いかに自由意志があっても、単に自然に属するのであって、自然はそれ自身では決して優雅まで高まらない。仮に情欲や本能が優雅で表すことができるとするならば、優雅はもはや人間性を表出するのに役立つような資格も価値もないのである。

そして実際ひたすら**人間性**のなかに、ギリシア人がすべての美と完全性を含めている。心を欠いた感性がギリシア人に現れるようなことは決してないし、同様にギリシア人の**人間的な**感情が、粗野な動物性と知能とを**切り離す**ことも考えられない。ギリシア人は、いずれの理念にもすぐさま身体を仕込み、また最も精神的なものにも形体を与えようと努めるように、また人間におけるいずれの本能的行為についても同時にその道徳的使命の表現を要求する。ギリシア人にとって自然は決して**単なる**自然ではなく、それゆえ自然を崇めたとて赤面する必要はないし、理性は決して**単なる**理性ではなく、それゆえ理性の規則のもとに歩んだとて震える必要はない。自然と道徳、物質と精神、地と天はギリシア人の文芸のなかで驚くほど美しく融合している。ギリシア人は、オリュンポス山[6]にのみ住む自由を感性の作用のなかに導入したが、そのために人々は、ギリシア人が感性をオリュンポス山に移したことを大目に見るだろう。

さてギリシア人のこの敏感な感覚は、つねに精神的なものが付き添う場合だけ物質的なものを許容するのであって、単に感性にだけ属していて、同時に、道徳的に感ずる精神を表現しないような人間の意志による動きというものを知らない。それゆえまたギリシア人にとって優雅は意志による動きにおいて示される魂のこのような美しい表出にほかならない。つまり優雅が生ずるところは、魂が身体の動きの原理となっていて、魂のなかに動きの美の根拠が含まれているのである。そこであの神話の表象はつまるところ次の思想に帰着するのである、「優雅は自然によって与えられるものではなく、主体それ自身によって生み出される美である。」

私はこれまで優雅の概念をギリシア神話から、しかも神話を歪めることのないよう注意して、展開するべく自制してきた。いまや次のことについて探求することを許されたい。すなわち神話を哲学的研究の道で扱うと何が解決されるのか、そしてここにおいても、他の多くの場合と同様に、哲学する理性は、感覚がかつて漠然とでも**予感した**こともない、また詩が**啓示した**こともないような、わずかな発見を誇れるということが、本当なのかどうかについてである。

飾り帯を持たず、優雅の女神たちも伴わないヴェーヌスはわれわれに美の理想を表しているが、この美は**単なる自然の**手によって作りうる美であり、**感じる精神の作用なしに**単に彫塑的技能によって作り出される美である。伝説がこの種の美を代表する者として特別の女神像を配したのは正当であって、なぜならばもともと自然感情はこの種の美を、感じる精神の影響に起源を帰せられる美と、厳密に区別するからである。

単なる自然によって必然性の原則に従い形成されたこの美を、自由の条件に従う美と区別して、構造の美（**構築美**）と名づけることを許されたい。この名称によって私はまた、単に自然力によって**遂行**されている（これはいずれの現象にもあてはまる）人間美の側面だけではなく、また**単に自然力だけで規定されている**それをも呼ぶことにしたい。

釣合いのとれた四肢、流れるような輪郭、明るい顔色、柔らかな皮膚、解き放され自由な胴体、気持ちよく響く声などは、ただ自然と幸運のおかげで手に入れた長所である。すなわちこれらの素質を与え自ら発達させた**自然**と、自然の形成活動をあらゆる敵対する力の作用から防御した**幸運**のおかげである。

このヴェーヌスはそれまでに**完全に完成して**海の泡から立ち昇ってくるのである。完成して、というのは、この女神が厳密に釣合いのとれて仕上げられた必然性の作品であるためで、作品そのものとしていかなる変更もいかなる発展もできないからである。すなわちヴェーヌスは、自然が人間を形作る上で目論んだ諸目的の美しい表現にほかならず、またその理由からこの女神のいずれの特性も女神の根底に横たわる概念によって完全に決定されているので、その結果、女神は——天分に従って——すべて与えられたものと判断されてもよいことになる。もっともこの天分は時間的制約の下にはじめて発達するものではあるが。

人体形成の構築美は、それの技術的完全性からはっきり区別されなければならない。後者の下には、諸目的が相互に最高の最終目的に合一するようなものとして、**諸目的の体系そのもの**を理解すべきであり、これに反して構築美の下には、諸目的がわれわれの直観能力によって現象に現れるものとして、これら諸目的の単なる**表現に固有の性質**を理解すべきである。それゆえ美について語る時、これら諸目的の実質的な価値もまたその結合の形式的技巧性もその際に考察されない。直観能力はただ現象の仕方だけに従うのであり、その対象の論理的性質には少しも顧慮を払わない。そこでたとえ人体構造の構築美が、人体構造の根底に横たわる概念と、自然がこれとともに目論む諸目的によって、制約されているとしても、とにかく美的判断は構築美をこれらの諸目的から完全に**切り離し**、そして現象に直接かつ固有に属するものよりほかの何も決して美の表象に受け入れられない。

それゆえ人間性の尊厳が人体構造の美を**高める**とは言えない。人体構造についてのわれわれの判断のなかに尊厳の表象が流入することはあるが、しかしその場合には同時にこの判断は純粋美的な判断であることを止めてしまう。人間の形態の技術はもちろんその使命の表出であり、そのようなものとして技術はわれわれの心を畏敬の念で満たすであろうし、また満たすべきである。しかしこの技術は**感覚**ではなくて**知力**に表象されるのであるから、ただ**考えられる**だけであり、**見える**わけではない。これに反して構築美は決して人間の使命の表出ではありえないのであって、そのわけは構築美が、人間の使命について決定する能力とはまったく別の能力に差し向けられるからである。

それゆえもしも人間に、特に自然のすべての残りの技術的形成が行われる前の人間に、美が与えられているとすれば、それはただ人間が、人間性を想起する必要がなくても、**単なる現象**において、人間の優秀さを主張するかぎりにおいてのみ真実である。それというのも人間性は概念を手段として想起できるものにほかならないとすると、美についての裁判官は感覚ではなく知力ということになり、この裁判官は矛盾を包含するのである。こうして人間は、美の価値を主張しようとする場合には、道徳的使命の尊厳を考えに入れることはできないし、また知性としての人間の優秀さを主張することもできない。ここでは人間は空間のなかのひとつの事物にすぎず、諸々の現象のなかのひとつの現象にすぎない。理念界における人間の階級については感性界において評価されず、かりに人間が感性界において第一位を主張しようとするならば、それはただ人間のうちの**自然である**ところのもののお陰で可能なのである。

しかしまさしく人間の自然は、周知のように、人間性の理念によって規定されており、やはり間接的には人間の構築美もまたそうである。もしも人間がそこで周りのすべての感覚的存在の前でより高い美によって区別されるとするならば、それはそのために議論の余地なく人間が人間の使命を保証しているからであり、この人間の使命にこそ、人間がどのような理由で他の感覚的存在一般から区別されるのかという根拠が含まれているのである。しかし人間の形成が人間のより高い使命の表出であるという理由で、人間の形成が美しいのではない。なぜならもしそうだとすれば、この同じ形成が、より低い使命を表出するや否や美しくあることをやめるに違いなく、またこの形成とは反対のものであっても、それがかのより高い使命を表出していると認められるや否や、美しい存在になると思われるからである。ところが、美しい人間の形態を見て、それが表出するものを完全に忘却できると仮定し、また現象におけるその形態を変更せずに、虎の残忍な本能をその形態にこっそり押し付けることができると仮定しても、これによって眼の判断はまったく変わらないであろうし、また感覚はこの虎を造物主の最も美しい作品とはっきり言うだろう。

そこで知性としての人間の使命は、単に、その使命の表現として、すなわち現象におけるその表出として、美が感性界に産出される条件と**重なる**限りにおいてのみ、構造の美に関与する。美そのものはつまりいつでも自由な自然の作用であり続けるのであって、人間の構造の技術を規定した理性理念は、人間の構造に決して美を**与える**ことはできず、ただ**許容する**ことができるだけである。

ところが私は、一般に現象に現れるすべてのものは自然力によって完成されており、それだから自然力が決して美の排他的な指標ではありえない、と異論を申し立てられるかもしれない。なるほどすべての技術的形成物は自然によって生み出されるけれども、自然によってそれらのものが技術的であるのではないし、少なくとも技術的と判断されるのではない。それらのものはひとえに知力によってのみ技術的であるのであって、その技術的完全性は、感性界のなかに入ってきて現象として現れる前に、すでに知力のなかに存在している。それに反して美はまったく独特であって、美は感性界において単に表現されるのみならず、またそのなかにおいて初めて発生するのであり、そして自然は美を単に表出するのみでなく、またこれを創造するのである。美はまったく感性的なものの一性質に過ぎず、そしてまた美を意図する芸術家も、ただその作品が自然の形成したものの外観を保つ限りにおいてのみ、美に達することができるのだ。

人間の構造の技術を判定するためには、技術が従う目的の表象の手助けを借りなければならないが、この構造の美を判定するためには、その必要はまったくない。ここではただ感覚だけが完全な権限を有する裁判官であって、このようなことは、もしも感性界（これは感覚の唯一の対象である）が美のあらゆる条件を含んでいないとすれば、したがってまた美を生み出すのに十分でないとすれば、不可能であったことだろう。もちろん**間接的には**人間の美も人間性の概念のなかに基礎付けられており、それというのも人間の全感性的本性がこの概念のなかに基礎付けられているためであるが、しかし周知のように、感覚はただ**直接的なもの**にのみ依拠するので、感覚にとっては、美がまったく独立した自然の効果であれば、同じだけ美は自然の効果ということになるのだ。

これまで述べたところによれば、美は単に感性界において発生し、また感性的認識能力にのみ向けられるものなので理性に対してはまったく何の利害も持ちえないかのように見えるに違いない。なぜならば、われわれが美の概念から、**完全性の表象**がわれわれの美の判断のなかに混ざるのをやむをえないこととして、それを異質なものとして切り離した後では、もはや美には理性的な満足の対象となりうるいかなるものも残っていないかのように見えるからである。それにもかかわらず、美が**理性を楽しませる**ことは明白であるし、それ以上に美がただ理性によってしか発見されないような対象の特性に基づくのではないことも疑う余地がないのである。

この見かけ上の矛盾を解決するために、現象が理性の対象となる方式、そして理念を表現できる方式が二通りあることを思い出さなければならない。理性はそれらの理念を現象の中からいつも**引き出す**必要はなく、現象の中に**入れる**こともできるのだ。いずれの場合も現象はある理性概念に適合するものとしてよいが、次の相違がある。すなわち第一の場合においては、理性は理性概念を現象の中に客観的に見出して、これをいわば対象からただ受け取るだけなのだが、それというのも概念が、対象の性質としばしばその可能性を明らかにするためにあらかじめ与えられていなければならないからである。これに反して第二の場合には、理性は、理性の概念に依存せずに現象の中に与えられているものを、独立したそのものの表現とするのであって、それゆえ感性的なあるものを超感性的に取り扱うのである。そちらでは理念が対象に客観的必然的に結び付けられ、こちらではこれに反してせいぜい主観的必然的に結び付けられているというわけである。私が、前者は完全性であり、後者は美であると理解していることは、言うまでもない。

そこで第二の場合に、感性的対象に関しては、この対象の表象を理念と結合する理性なるものが存在するか否かはまったく偶然なので、その結果、対象の客観的性質はこの理念とはまったく無関係なものと見なされなければならず、そこで美を、**客観的に**、純粋な自然条件に制限し、そしてこれを感性世界の単なる効果であると説明するのは、まったく正当である。だがしかし――他方において――理性はこの単なる感性世界の効果を超越的に利用し、かつこれに、より高い意義を与えることによって、いわば理性の印を押すものであるから、美を**主観的に**理知の世界に移すこともまた同様に正当である。それゆえ美は二つの世界の市民と見なされ得るのであり、ひとつの世界には**出生**によって、もうひとつの世界には**養子縁組**によって所属しているのである。つまり美は感性的自然のなかでその存在を受け入れられ、理性世界のなかで市民権を**獲得する**のだ。ここからまた次のことが明らかになる。どうして美の判断能力としての趣味が、精神と感性の真ん中に歩み入り、この互いに本性上はねつけ合う両者を幸福な和合へと結びつけるのか――どのような方法で趣味は**物質的なもの**が理性の尊敬を得るようにするのか、どのような方法で趣味は**合理的なもの**が感覚の恵愛を得るようにするのか――どのような方法で趣味は直観を理念にまで高め、感性世界そのものをある程度まで自由の国へと変えるのかが明らかになる。

しかしながら――対象そのものに関しては――理性が対象の表象と共に、ある理性と結びつくかどうかは偶然であるにもかかわらず、なお――表象する主観にとっては――そのような表象をこのような理念に結びつけるのは必然的なことである。この理念とそれに対応する対象の感性的表徴とは、相互に、理性がそれ自身に固有の不変的法則を通してその行為へと強いられるような関係に立っていなくてはならない。それゆえ理性そのもののうちに、なにゆえ理性がもっぱら事物のただ**ある種の**現象方式にのみある特定の理念と結びつくのか、その根拠がなければならないし、同時にまた対象のうちに、なにゆえその対象がもっぱら**この**理念のみ引き起こし、それ以外の理念を引き起こさないのか、根拠がなければならない。ところでどのような理念が、理性が美のうちに持ち込むことのできる理念なのか、またこの理念が象徴として役立つためには、美しい対象のどのような客観的特性を通してなのか——これは、ここでついでに答えようとするのにはあまりに重要な問題であり、それゆえ私はこれの考究を美の分析論[7]の時まで保留したい。

　このように人間の構築美は、私が今しがた言及したような性質からすれば、**理性概念の感性的表出**である。しかし構築美がそうであるのは、一般にあらゆる自然の美しい形成の場合と異なった意味においてでもなく、また重大な正当性があってでのことでもない。それは**程度の点からみれば**他のすべての美に勝っているものの、**種類の点からみれば**それらのものと同列である。なぜならばそれはその主観に対して感性的なもの以外の何ものも明らかにせず、表象のなかにようやくある超感性的意味を受け取るからである。* 人間における目的の表現が他の有機的形成におけるよりもいっそう美しい結果となることは、人間の構造の立法者としての理性が、その法則の遂行者としての自然に示した**恩恵**と見なせる。なるほど理性は人間の技術によってその目的を厳格な必然性をもって追求するのであるが、しかし幸いにも理性の要求は自然の必然性と合致し、その結果、自然は単に自己の傾向に従ってふるまいながら、理性の指示を遂行しているのである。

*なぜなら——もう一度繰り返すと——**単なる直観**のなかに美にとって**客観的な**すべてが与えられているからである。しかし人間にあらゆる他の感性的存在物に対する優越性を与えるものは、単なる直観のなかに現れ**ない**から、すでに単なる直観のなかに示されている特性が、この優越性を見えるようにすることはありえない。それゆ

えに人間の優越性を唯一基礎付けている人間のより高い使命は、人間の美によって表出されないのであり、したがって人間のより高い使命の表象は決して人間の美の要素を分かち持たず、決して美的判断のなかに取り上げられない。思想の表出が人間の形成であるが、その思想そのものではなくて、単にその思想の現象における効果がおのずと感覚に現れるのである。単なる感覚がこれら効果の超感性的根拠へと自ら高まることがないのは、(このような例が許されるならば)単なる感性的人間が、その衝動を満足させるときに、最高の世界原因の理念にまで昇ることのないのと同様である。

これはしかし人間の**構築**美についてのみ通用しうるのであり、そこにおいては自然の必然性が、別の必然性、自然の必然性を規定している目的論に根拠のある必然性によって支えられているのである。ひとりここでのみ美は構造の技術の関係から**評価され**うるが、しかし、必然性が単に一面的になるや否や、現象を規定する超感性的原因が偶然に変化するや否や、もはや評価されるようなことはない。そこで人間の構築美については自然が**独力で**世話をするのであって、なぜならばここでは自然が、すでに最初の設計の際に、人間がその目的を実現するために**必要とする**一切のものの遂行を、かつて永久に創造的知力から**委任されて**おり、そのため自然は自分の営むこの**有機的**仕事においていかなる革新も恐れる必要はないのである。

人間はしかし同時にひとつの**人格**であり、**自己**原因が、しかも絶対的最終原因が、自分自身に起因する根拠に従い変わりうる状態にある、ひとつの存在である。人間の現象の方式は、人間の感情と意欲の方式に依存しており、したがって自然がその必然性によって規定する状態ではなくて、人間が自分自身で自由のなかで規定する状態に依存している。

もしも人間が単なる感性的存在に過ぎないならば、自然が**法則**を与えると同時に適用の**場合**も規定するだろう。いま自然は支配を自由と分け合っており、自然の法則は存続しているけれども、事情について決定をするのは今度は精神なのである。

精神の領域は、**自然が生きている限りどこまでも**広がっていて、有機的生命が不定形な塊へと消失し、動物的な力が無くなるより前に、終わることはない。人間のなかにあるすべての動く力が相互に関連していることは周知のことであり、このことから、いかにして精神が――単に意志による動きの原理と見なす場合でも――その作用を人間の全組織にわたって伝えることができるのかが分かる。単に意志の器官ばかりか、意志が直接支配していない器官もまた、少なくとも間接的には精神の影響をこうむっている。精神は、行為する際に、器官を単に意図的に規定するばかりでなく、感じる際にも、意図せずに規定するのだ。

自然が単独で用意をすることのできる美は、上述により明らかなように、自然自体が無制限に、必然性の法則によって規定されるような現象の美に限られる。しかし**恣意**とともに**偶然**が自然の創造へ入り込み、そして、その創造が自由の支配下で受ける変化は、やはり自然自体の法則**によって**起こるものにほかならないが、しかしもはやそれらの法則**から**起こるものではない。いまや、精神がその器官をいかに使用しようとするのかという問題は、精神次第なので、自然は、この使用に依存する美の部分についてはもう何も支配できず、したがってもう何も責任を負うこともない。

ところがそういうわけで人間は、自己の自由の使用によって純粋に知的な生き物へと上昇するやすぐに、現象としては下降する危険、さらに理性の法廷において得たものを趣味の判断では失う危険に瀕することになるだろう。さらに人間の行為によって**実現された**使命はその特典を、人間の体格のなかにただ**告知された**だけの使命が助長する特典によって、失うことにならないだろうか。そしてこの後者の特典は単に感覚的であるのに、理性がこれにいっそう高い意義を与えていることをわれわれはすでに認めていたではないか。いやいや、このような大きな矛盾を、一致を愛する自然が冒すはずはないし、また理性の国において調和的であるものは、感性界においても少しも不協和音のないことが明らかとなるだろう。

こうして人格、あるいは人間のなかの自由原理は、現象の遊動を規定することを引き受け、また自然に介入することによって、自然の作品の美を守る力を奪い取り、もって自ら自然の立場に立って、(このような表現が許されるならば）自然の権利と共にその義務の一部をも引き継ぐのだ。精神は、自分に従属する感性を自分の運命のなかに巻き込み、これを自分の状態に依存させることによって、ある程度まで自らが現象となり、そして自分がすべての現象に向かって発せられた法則の従者であると認める。精神は自分自身のために、精神に依存する自然について なおまだ**精神へ**奉仕するよう自然を留まらせ、自然をその従前の義務に**反する**取り扱いをしないよう拘束する。私は美を現象の**義務**と呼ぶが、そのわけは主体において美に対応する欲求は理性自身のうちに基礎付けられていて、それゆえ普遍的ならびに必然的であるからだ。また私は美を**従前の**義務と呼ぶが、そのわけは、知性がその仕事を始める前にすでに感性が判断を下しているからである。

このようにいまや自由が美を支配している。自然が構造の美を与えたとすれば、魂が遊動の美を与えるのだ。そしてわれわれはさらに、優雅とグラツィエのもとに何を理解すべきか知った。優雅とは自由の影響のもとにある形態の美であり、人格が規定する現象の美である。構築美は自然の創造者の誉れとなり、優雅とグラツィエはその所有者の誉れとなる。前者はひとつの**天賦**であり、後者は**人格の功績**である。

優雅は**動き**にのみ帰属しうるのであって、なぜならば心情の変化は動きとしてのみ感性界に現れうるからである。このことはしかし、固定的で静止的な容貌もまた優雅を示すかもしれないということを妨げない。この固定的な容貌も起源からすれば動きにほかならなかったのであり、動きが繰り返されているうちに常習的となり、ついに持続的な痕跡をつけたのである。*

＊それゆえホーム(8)が次のように言うとき（批判の原理、第二巻、三十九、最新版）、優雅の概念をあまりにも**狭く**想定している。「最も優雅な人でも、**静止して**いて、そのうえ身動きも口を利くこともしないとき、われわれは、暗闇のなかの色彩のように、優雅という特性を見失う」。いや、われわれは、眠っている人においても、親切で柔和な精神が形成した容貌を認める限り、優雅の特性を見失うことはない。それにまさしく優雅の最も尊重すべき部分が残っているのであり、その部分とは、もともとは**身振り**

であったものが**容貌**に植えつけられ、またそれゆえ美しい感情の状態にある心情の**能力**を白日のもとにさらしている部分である。しかし**ホーム**の著作の**校訂者**が、「優雅は意志による動きにのみ限るわけではなく、眠れる人でも魅力的であることを失わないであろう」――それはなぜか「この状態が続く間、意志によらない静かな、そのためにいっそう優雅な動きが初めて本当に見えてくるからである」(同巻四五九頁参照)という訂正によって仮に著者の間違いを正したと信じているならば、この校訂者は、ホームが単に制限しすぎたに過ぎない優雅の概念を破棄しているのだ。睡眠中の意志によらない動きは、それが意志による動きの機械的反復ではないとすれば、決して優雅なものではありえず、まして格別に優雅でありうるなどと言うことはできないし、仮に眠れる人が魅力的であるとすれば、それは断じてその人が現に行っている動きによるものではなく、先行する動きを立証するその人の容貌によるのである。

　しかし人間におけるあらゆる動きが優雅を可能にするのではない。優雅は**自由によって動かされた形態**の美に限られており、**単に自然に属する**動きは決してこの名称に値しない。より厳密にいえば、活気のある精神がついにその身体のほとんどあらゆる動きを支配することがあるが、しかしある美しい容貌を道徳的感情に結びつける鎖が非常に長くなる場合は、この容貌は体格の一属性となり、もはやほとんど優雅として数えられなくなる。最後に精神が自分の身体さえ**形成し**、そして**体格**自体が**遊動**に従わざるを得なくなれば、優雅がついに構築美に変ずる場合もまれではない。

　そこで、敵意があって考えが一致しない精神自体が体格の最も崇高な美を滅ぼすように、自由に値しない手のもとで自然の素晴らしい傑作を最後にはついに見分けることができなくなることがあり、また時おり、晴朗にしてそれ自体調和的な心情が、支障のため拘束された技術の助力を得て、自然を解放し、そしてまだ包まれたままで圧迫された形態を神のごとき荘厳さをもって**開き展開する**こともある。人間の彫塑的本性は、ただ道徳的精神が本性の造形作業を支持するだけで、あるいはまた時にはただ心配させないだけで、すぐさまその怠慢を償い、その欠陥を改善する、無限に多くの方策をそれ自身のなかに蔵している。

また**固定された動き**（容貌に移行した身振り）も優雅から除外されないのであるから、あたかも**見せかけの動き**あるいは**模倣した動き**の美（火炎のようなあるいは蛇のようにうねりくねった線）なども、メンデルスゾーン[9]が実際に主張したように*、同じく優雅に数えられるべきかのごとく見えてもおかしくない。しかしそうだとすれば優雅という概念は美一般の概念にまで拡張されることとなるだろう。なぜならば、私が美の分析において論証したく考えているように、すべての美は結局真実の、あるいは見かけ上の（客観的、あるいは主観的）動きの一属性に過ぎないからである。しかし優雅は、同時にある感情に対応する動きだけが、示し得るのである。

＊『哲学論集』一の九十

人格は——誰でも私がこの言葉で示唆しようとしていることを知っているはずだ——表象された作用を感性界において実現しようとする場合、自分の意志によって身体で動きを描くのであって、この場合の動きを**意志による**動きとか目的のある動きと呼ぶ。あるいは、自分の意志によらず、必然性の法則に従って——けれどもある種の感情を誘因として、身体で動きを描くのであり、私はこれを**共感的**動きと呼ぶ。後者は意志によらずそしてある感情に基づいているとしても、だからといってこれを感覚的な感情能力や自然衝動の規定する動きと取り違えてはならない。なぜならば自然衝動は少しも自由な原理ではなく、それが行うものは、人格の行為ではないからである。ここで問題にしている共感的動きということで、私はただ道徳的感情かあるいは道徳的志操が随伴して働いている動きだけを理解することとしたい。

そこで人格に基づいたこの二種類の運動のうち、いずれが優雅となる資格があるか、という問題が起きる。

哲学的思索において必然的に分離しなければならないとしたものが、それゆえいつも現実において分離されているとは限らない。目的のある動きが共感的動きを欠いて見出されることがまれなのは、**前者**の原因としての意志が、**後者**の源泉である道徳的感情に決定的に影響されるからである。ある人格が語っている間に、われわれは同時にその眼差し、その顔つき、その手、確かにしばしば身体全体が**共に語っている**のを見るのであって、談話の**身振りの**部分が最も雄弁な部分であると見なされることもまれではない。しかしまた目的のある動き自体が同時に共感的動きと見なされてよい場合があり、これはある意志によらないものが動きの意志によるもののなかに混ぜ合わさるときに起きる。

すなわちある意志による動きが行われる方法は、その動きを遂行できる方法がいく通りもあってはならないほど、厳密にその目的によって規定されているのではない。そこで意志あるいは目的によって規定されずに残されているものが、人格の感情状態によって共感的に規定されることがあり、それゆえにこの状態の表出として役立つことがある。私がある物を受け取ろうとして腕をさし伸ばすことによって、私はひとつの目的を果たすのであり、そして私の動きは、それによって果たそうとする意図によって指図されている。しかし私は物をつかむのに腕をどのように伸ばすだろうか、またその際身体をどのくらい追従させるだろうか——その動きは速やかなのか、それとも緩慢なのか。そしてどの程度の力を費やしてこの動きを遂行するのだろうか。そのような力の綿密な計算に私はその瞬間関わりあわず、それだからここでは私の中の自然が何かあるものに任せられているのである。しかし何らかの方法で、単なる目的によって規定されない動きも決定されなければならず、そしてここでやはり私の感じ方が決着をつけることができ、感じ方の指図する**調子**を通じて動きの方法を決めることができるのだ。ところで人格の感情状態が意志による動きに関与している部分こそ、とりもなおさず意志による動きにおける意志によらないものであり、またこれが優雅に求めなければならないものである。

ある**意志による**動きは、それが同時に共感的動きと結合していない場合には、あるいは同じことだが、人格の道徳的感情状態に根拠を有する何か**意志によらない**動きを混ぜ合わせていない場合には、決して**優雅**を示すことはできず、優雅にはつねに心情のある状態が原因として要求される。意志による動きは心情の行為に**ついで起こり**、動きが生ずるときには、心情の行為はすでに消えうせている。

共感的動きはこれに反して心情の行為、および心情を動かして行為をさせたその心情の感情状態に**随伴する**のであり、それゆえこの両者に**並行する**ものと見なさなければならない。

　このことから人格の志操から直接に流れ出ていない意志による動きは、また何らこの志操の表現でもありえないことが明らかになる。なぜならば志操と動きそのものとの間に、それ自体考えてみれば何かまったくどうでもよいことである**決意**が介入しているからである。すなわち動きは**決意**と目的の結果であって、人格と志操の結果ではないのである。

　意志による動きはこれに先行する志操と偶然的に、それに反し随伴する共感的な動きは志操と必然的に結びついている。前者の心情に対する関係は、ちょうど因習的な言語記号がその表出する思想に対する関係と同じである。これに反して、共感的な動きあるいは随伴する動きの心情に対する関係は、ちょうど激情的な音声の激情に対する関係と同じである。前者はそれゆえ動きの**自然**から見てではなく、単にその**使用**から見て精神の表現である。そこでまた、**精神**はある意志による動きのなかに自ら啓示するなどとは、おそらくやはり言えないだろう。なぜならば、この動きは単に**意志の素材**（目的）を表現するだけで、**意志の形式**（志操）を表現しないからである。後者についてはただ随伴する動きだけがわれわれに教えてくれるのである。*

＊ある事件が多人数の会合のなかで起こったとすると、出席者の一人二人が、行動する人の志操について、めいめい独自の意見をもつことがあり得る。意志による動きがその道徳的原因と結びつくのは、これと同程度に偶然的なことである。これに反してこの会合のなかから、一人の意外にも非常に親しい友人か、非常に仲の悪い敵を見つけたとすると、彼の顔に表れた明白な表情は胸の内の感情を速やかにまた明確に明るみに出していることであろうし、この人の現在の感情状態についてその会合の全員の判断はおそらく完全に一致するに違いない。なぜならば表情がここでは心情のなかの原因と本来的な必然性によって結び付けられているからである。

それゆえある人の談話から、その人が**どのような人間**

と見なされたいか聞き取ることはできるが、しかしその人が**実際にどのような人間であるか**は、言葉の話し振りや態度、またその人の**無意識的な**動きから察知するべく努めなければならない。しかしある人は容貌さえ**望むように**できることを知るや、それを発見した瞬間から、もはやその人の顔立ちさえ信用しなくなり、またその容貌をもはやその人の志操の表出とは認めないのである。

さてある人は、技能と修練によって、ついに随伴する動きさえ自分の意志に服従させ、巧妙な手品師のように、望むどおりの形態をその人の心のしぐさをうつす鏡の上に見ることができるようになるかも知れない。しかしこの種の人間にあってはこの場合すべてが虚偽であり、すべての自然が人工に飲み込まれている。グラツィエはこれに反してつねに自然、すなわち意志によらないものでなければならず（少なくともそう見えなければならず）、そして主体自身は決して**自分の優雅について知っているように**見えてはならない。

ちなみにこのことから人々は**模倣された**あるいは**習得された**優雅（これを私は劇場的および舞踊教師的グラツィエと呼びたい）についてどう考えればよいかを知る。この優雅は、化粧台で洋紅とおしろい、模造の巻き毛、ブラジャー、それにコルセットに由来する**美**とは格好の対をなすものであり、これと真正の優雅との関係は、**化粧美**と**構築美**との関係にまさしく近いのである。* 訓練されていない感覚に対して、この両者は、模倣している本物とまったく変わらない効果を上げることができるし、その技術が優れているときは、時には鑑識家さえも欺ける。しかし何かある顔つきから結局とにかく強制と目論みが現れ、そしてその時は軽蔑や嫌悪でないまでも、冷淡が避けがたい結果となる。われわれは構築美が**作られた**ものだと分かるや否や、他の自然領域から人間性に押し込まれたちょうどその分だけ、人間性（現象としての）から消滅したのを認める、――そして偶然的な特典を放棄することなど決して許さないわれわれが、野卑な自然のために人間性の一部を犠牲に供するような交換を、どうして満足な気持ちをもって、いや、どうでもよい気持ちでさえ、じっと眺めることなどあるだろうか。仮に効果は許すことができるとしても、欺瞞をどうして軽蔑しないでおられようか。――優雅が見せかけのものであることを認めるや否や、われわれの心は急に閉ざされ、その優雅に向かって泡立っていた魂は引き返し逃げ戻る。われわれは、精神が突然に物質となってしまったのを、天界のユーノが雲の像となってしまったのを、見るのだ。

＊私はこの対比によって、舞踊教師から真正のグラツィエに関する功績を否認することも、俳優からそれに関する権利を否認することも、全然考えていない。舞踊教師が、意志に自己の器官への統御を委ね、かつ**質量**と**重力**が生命力の遊動に加えている障害を撤去することによって、真正の優雅を助けていることは確かだ。舞踊教師はただ**規則**に従ってのみそれをなし得るのであり、その規則とは身体を健康によい状態に育成する規則であり、そして、怠惰が抵抗する間は**堅苦しい、すなわち強制的**であってよい規則か、そう見えることを要する規則である。しかし彼が徒弟を自分の学校から卒業させるときには、規則がこの徒弟においてすでに役目を果たしたに違いなく、したがってそれは徒弟に従い世間に**付き添い出る必要**がなくなっていなければならない。簡潔に言えば、規則の仕事が自然のうちに移行していなければならない。

私は劇場的グラツィエについて軽蔑して語っているが、これはただ**模倣された**グラツィエにのみ関わり、またこの模倣されたグラツィエを、人生においても舞台上においても、私はためらわず拒絶する。私は告白するが、**グラツィエ**を模倣するうえできわめて成功していたと仮定しても、化粧室で研究した俳優は気に入らない。われわれが俳優に向かって出す要求は、一に演技の**真**、二に演技の**美**、である。さて私は、**演技の真に関しては**、俳優はすべてを技術によって作り出し、何ものも自然によって作り出してはならない、と主張する。なぜならば彼はさもないと芸術家ではないことになるからである。そして私は、狂暴なグェルフォー[10]を巧みに演じた俳優が、優しい性格の人間だ、ということを聞くか見るかするとき、彼を賛美するであろう。他方、これに反して私は、**演技の優雅に関しては**、俳優は技術にまったく何も負うてはいけないと、そして、ここでは彼のしぐさのすべてが自然の自発的な働きでなければならないと、主張する。彼の演技の真を見ていて、その人物の性格が彼の天性のものではないと気づけば、私はますます高く彼を評価するであろう。彼の演技の美を見ていて、それらの優雅な運動が彼の天性のものではないと気づけば、**芸術家**の助けを借りなければならなかったその**人間**に対して怒らざるを得ないだろう。その理由は、グラツィエの本質がその自然らしさと共に消滅するためであって、しかもなおグラツィエは、われわれが単なる人間に対しても可能と正当に信じている要求であるからだ。しかしさて私は、グラツィエをもって習得すべきものではないのに、いかにしてグラツィエを得るべきかを知りたがっている模倣芸術家に対して、何と答えるであろうか。私の意見はこうである。彼はまず彼自身の内なる人間性が成熟するように心掛けるべきであり、その次に出かけていって（かってそれが彼の天職であるならば）その人間性を舞台の上で表現すべきである。

しかしたとえ優雅は何か意志によらないものでなければならないか、あるいはそう見えなければならないとしても、われわれはそれでもこれを多かれ少なかれ意志に依存する動きにおいてのみ探し求める。なるほどある身振り言葉にもグラツィエという名が与えられたり、また優雅な微笑とか魅了する赤面ということを言うのであるが、それでもこの両者は意志によってではなく感情によって決定される共感的な動きである。しかしながら、前者がなおまだわれわれの意のままにあること、後者が本来優雅に属しているかどうか疑わしく思われること、こういったことは別にして、優雅の現れる多くの場合はやはり断然、意志による動きの領域から現れている。人々は優雅を、談話や歌唱に、眼や口の意志による遊動に、自由に使われているときの手や腕の動きに、歩き振りに、身のこなしや姿勢に、人間が意のままになしうる限りでの人間のすべての挙動に対して、要求する。自然衝動あるいは制圧された情緒が**自らの手で**遂行する、それ故にその起源からみて感性的であるような、人間の動きには、われわれは、後に明らかにされるように、優雅とはまったく別のものを要求する。このような動きは**自然**に所属し、とにかくすべてのグラツィエが由来すべき**人格**には所属していない。

そこで優雅はわれわれが意志による動きについて要求する一属性であり、しかも他方において優雅自体からすべての意志的なものが放逐されなければならないとすると、われわれは優雅を意図的な動きであって非意図的であるもの、しかし同時に心情のなかのある道徳的原因に相当するもの、のうちに探し求めなければならないだろう。

これによってともかくグラツィエを求むべき動きの種類が示された。ところがある動きはこれらすべての属性を備えていながら、それでいて優雅な動きではないことがある。この動きは、そのために単に**物語的**（身振り的）であるに過ぎないのだ。

私は、ある心情状態に随伴し、そしてこれを表出するあらゆる身体の現象を物語的（広義の）と呼ぶ。この意味ではしたがって一切の共感的な動きは物語的であり、単なる感性の刺激に随伴として役立っているものさえもそうである。

動物的な形姿もまた、その外面が内面を打ち明けているので、物語っている。ここではしかし単に**自然**が物語っているのであって、決して**自由**が物語っているのではない。動物の永続する形態のうちに、また固定した構築的相貌のうちに、自然はその**目的**を予告し、身振り表情の相貌のうちに、覚醒した、あるいは満たされた**欲望**を予告している。必然性の連環は、植物全体をも動物全体をも通して、**人格**によって中断されずに、繋がっている。その連環の現存の個別性とはある普遍的な自然概念の特殊的な表象に過ぎず、その現在の状態の特異性は、自然目的が単に一定の自然制約の下において遂行される一例に過ぎない。

狭義において物語的なのは、ただ人間の形姿だけであり、さらにこれは、道徳的感情状態に随伴し、またこれの表出に奉仕する形姿のうちだけに、その現われがある。

ただ**その種の**現われのうちだけに。なぜならば他のすべての現われにおいては、人間はそのほかの感性的存在と同列に立っているからである。人間の永続する形態やその構築的相貌においては、**自然**はただ、動物およびすべての有機的存在におけるように、その意図を提示しているだけである。もっとも自然が人間において目論む意図は、それらのものの場合より、はるかに遠大なものであり、またその意図を達成するための手段との結びつきはより技巧に富みまた複雑なことがある。しかしこれらすべてはただ**自然**の計算したとおりであり、人間自身には何ら有利なものとなり得ない。

動物や植物において、自然は単に使命を指示するのみならず、**なおまた自らこれを遂行する**。しかし人間に対しては、自然はただ使命を指示するのみであり、その実現は**人間自身**に委ねる。このことのみが人間を人間とするのだ。

あらゆる既知の生き物のなかで、人間だけが人格として、単なる自然的存在には破ることのできない必然性の連環を自分の意志で突破する特権、そして現象のまったく新しい連なりを自分自身のなかで始める特権、を持っている。人間がこのように自ら決める動作を特に**行為**と呼び、このような行為から出た結果をもっぱら人間の**所行**と呼ぶ。それゆえに人間は自分が人格であることをただ人間の所行によってのみ証明できる。

動物の形姿はその使命の概念を表出するのみならず、また現在の状態とこの使命との関係をも表出する。ところが動物においては自然が使命を与えると同時に、実現するので、動物の形姿は自然の成果以外の何かあるものを表出することはできない。

なるほど自然は人間に使命を**与える**のだが、しかしその実現は**人間の意志に委ねる**ので、人間の状態とその使命との現在の関係は、自然の成果ではなく、人間自身の成果でなくてはならない。人間の形姿にみられるこの関係の表現は、それゆえ自然ではなく、人間自身に所属するのであり、つまりそれは人格の表現なのである。したがってわれわれは人間の形姿の構築的部分から**自然**が人間に何を意図したかを知ることができるとすれば、また人間の身振り的部分から**人間自身**がこの意図を実現するために**行った**ことを知ることができる。

そこでわれわれは人間の形態について、それが単に人間性の普遍的概念を、あるいはこれを実現するために**自然**がこの個体に作用した何かあるものを、われわれに提示しているというだけでは満足できないのである。なぜならばそれは人間があらゆる技術的形成物と共通して有しているものだからであろう。われわれはやはり人間の形態については、それが同時に、どの程度までその自由のなかで自然目的に歩み寄ったか明らかにすることを、すなわちそれが性格を示すことを、期待する。第一の場合において人々は自然が人間というものに**計画した**ことが分かるのであるが、しかし人間が**実際に**人間になっているかどうかはただ第二の場合からのみ明らかになる。

つまり人間の形姿はただそれが身振り的である限りにおいてのみ**人間の**形姿である。しかしまた**身振り的である限り**形姿は人間のものなのである。なぜならば、仮にたとえこの身振り的相貌の大部分が、否、その全部が感性の純然な表現であるとしても、したがって確かに純然な動物としての人間に帰属していることがあり得るとしても、人間は感性を自由によって制限することを決め行う能力をもっていた。そこでこのような相貌が現存することは、この能力の不行使とこの使命の不履行とを示すものであり、またそれはまさしく、義務が命じている行為をしないことがひとつの行為であるのと同じほど確かに、道徳的に物語的なのである。

つねに魂の表現である物語的相貌から、誰でも無言的相貌を区別しなければならない。無言的相貌は単に彫塑的自然が、魂のあらゆる影響から独立して作用する限りで、人間的形姿のなかに描き込んだものに過ぎない。私はこの相貌を**無言的**と呼ぶ。なぜならばこの相貌は自然の不可解な暗号として性格については沈黙しているからである。それらは単に種類の表示の面で自然の特質を示すに過ぎず、そしてしばしばそれ自体で**個人**を識別するのに十分なこともあるが、しかし**人格**に関しては何も示すことはできない。ところが観相家にとっては、これら無言的相貌も決して無意味ではない。なぜならば観相家は、単に人間が自分自身から何を作り出したかということのみならず、また自然が人間のために、および人間にに反して、何をなしたかをも知ろうとするからである。

どこで無言的相貌が終わり、物語的相貌が始まるのか、その境界を指示することはそう簡単ではない。一様に働く形成力と法則をもたない情緒とは、その領域をめぐって絶えず争っている。そして**自然**が倦むことなく黙々とした活動でもって打ち建てたものが、ちょうど膨れ上がる奔流が岸を乗り越えるような**自由**によってしばしば押し倒される。溌剌とした精神は**あらゆる**身体の動きに影響を及ぼし、ついには間接的に、意志の到達しがたい自然の固定した形体さえ共感的遊動の力によって変化させる。このような人間においては最終的にすべてが性格的特徴となるのであり、これは長寿と異常な運命と活動的な精神が徹底的に**鍛錬した**多くの人々において見られるとおりである。塑造的自然に所属しているのはこのような形体における**種属的なもの**だけであり、出来上がった**個別性**全体は人格に所属する。それゆえ、このような形態にあってはすべてが魂である、と言われるのはそのとおりなのだ。

これに反して**規則**（それはなるほど感性を鎮めることはできても、人間性を喚起することはできない）で形を整えられた弟子たちは、その平板で無表情な形姿のなかに、自然の手の指以外の何ものもわれわれに示さない。仕事のない魂は身体のなかのつつましやかな客人であり、また好きなようにされた形成力のおとなしく静かな隣人である。考究を尽くしたいかなる思想も、いかなる激情も、身体的生命の静かな拍子を狂わせることはない。**体格**が**遊動**によって危険にさらされることも、植物の成長が自由によって不安にされることも決してない。精神の深い安静は、力の著しい消耗を引き起こすことがないから、出る分が受け取る分を超過することは決してないだろうし、むしろ動物的経済はつねに余剰をもたらすであろう。この経済が投げよこす幸福の僅かばかりの給料で、精神は自然の几帳面な管理者となり、そして精神の栄誉は自然の**帳簿**を整理することがすべてである。したがって生体の構造がつねに成し遂げることのできるものが、成し遂げられることになるだろうし、栄養と生殖の活動が栄えるであろう。自然的必然性と自由との間のこのような幸運の一致は、構築美にとって好都合以外のなにものでもないのであって、さらにここにおいてこそ、その美が純粋に観察され得るところなのである。しかし一般的な自然力は、周知のごとく、特殊的な、あるいは有機的な自然力と永遠の戦いを行っており、巧妙な技術は、最終的に**凝集力**と**重力**によって制圧される。それゆえ体格の美もまた、**単なる自然産物**として、開花、成熟、凋落の決まった周期をもっていて、遊動はこの周期を早めることはできても、遅延させることはできない。そして体格美の通常の最後は、**質量**が次第に**形式**の支配者となり、そして生き生きとした形成衝動が**蓄えられた**素材のなかに自己の墓を自ら用意することである。*

*それゆえまた多くの場合、このような体格の美は早くも中年には脂肪過多のため著しく太くなること、皮膚のほとんど目立たない柔らかな線の代わりに、小皺が刻まれ腸詰の形のような大皺ができること、**重量**が気付かないうちに形のうえに影響を及ぼし、そして表面の美しい線の魅力的にして多様な動きが、一様に膨らむ皮下脂肪のなかに消え失せること、を見出すであろう。自然が与えたものを自然が取り戻すのである。

ついでに言っておくと、いくらか類似のことが時折**天才**に起こることに気付くのであって、天才はその作用と同様にその起源においても構築美と多くの点で共通するところがある。前者もまた後者と同じく単なる**自然の産物**であり、どのような方法によっても模倣できないもの、またどのような功績によっても獲得できないものを、まさしく最も高く評価する人々、このような人々の誤った考え方によれば、美が優雅以上に感嘆され、天才が習得した精神力以上に感嘆されている。**自然の二寵児**は、その悪い癖（両者はこれによってしかるべき軽蔑の対象となることも稀ではない）にもかかわらず、まちがいなく生まれながらの貴族、特権階級の人と見なされているのは、彼らの長所が自然条件に依存しており、したがってあらゆる選択を絶しているからである。

しかしながら構築美が、早めに**グラツィエ**を支持者そして代理者に育成する骨折り配慮をしなかった場合に下される判定と同様のことが、まさしく天才にも、教養や趣味や学術によって自分を強固にすることを怠った場合に下されるのだ。天才に生まれつき賦与されているものが、溌剌旺盛な想像力だけであったとすれば（そして自然は確かに感性的長所以外のものを与えられない）、天才は時機を逃さず、自然の賜物を精神の財産とすることのできる唯一の手段によって、この曖昧な贈り物を確保することを考えるであろう。この手段とは、思うに、物質に形式を与えることである。なぜなら精神は形式以外の何ものも自分のものと呼べないからである。理性の均整な力によって抑制されない限り、奔放に伸びる旺盛な**自然力**は、知性の自由を越えて伸びるであろうし、ちょうど構築美の場合に肉体の物質が最終的に形式を圧制するように、知性を窒息させてしまうだろう。

これについては経験が多くの証拠を提供していると思う。とりわけ成年に達する前に有名になり、そして多くの美の場合のように、**若さ**がしばしば全才能であるような天才詩人においてである。しかし短い春が過ぎ去り、その春の期待させた果実を調べてみると、それは誤り導かれた盲目的な形成衝動の作り出した、海綿状でしばしば出来損ない同然の産物なのである。素材が形式へと純化し、造形精神が直観のなかに理念を据え置いたであろうと、われわれが予期できるまさにその場合に、それら産物は、あらゆる他の自然産物と同様に、物質に帰属してしまい、多くの希望を寄せている流星がまったく平凡な光として——時としてもっとつまらない光として——現れ出るのである。なぜならば詩作する想像力は、ときどきかつて離脱した素材にまで完全に逆戻りし、詩的創造がもはや成功しそうにないときには、他のより**堅実な**形成作業によって自然に奉仕することを、断らないからである。

しかしながらたとえ**個々の**無言の容貌は精神を表出していないにもかかわらず、このような無言の形成物はやはり**全体としては**特徴的である。しかもそれは感性的に語る形成物が特徴的とみることのできるのとちょうど同じ理由からである。すなわち精神の持ち主は活動的でなければならず、また道徳的に感じなければならない。そこで精神の形成物がもしも精神について何の痕跡も示さない場合には、それは精神の持ち主の責任であることを証明している。そこで彼の姿の建築における精神の使命の純粋にして美しい表出は、満足をもって、またその原因としての最高理性への畏敬の感情をもって、われわれの心を満たすのであるが、この両感情は、精神がわれわれにとって単なる自然の所産であるかぎり、長く純粋さを保つであろう。しかしわれわれがその人を道徳的人格として考えるならば、その人の姿に道徳的人格の表出を期待するのは正当であり、もしもこの期待が外れるならば軽蔑が避けがたい結果として生ずるであろう。単なる有機的存在といえども**被造物**として尊いのであるが、われわれには人間はただ**創造者**として（すなわち人間の状態の自己創始者として）しかあり得ないのである。人間は他の感性的存在のごとく、単に他者の理性の光を――たといそれが神々しい光であるとしても――反射するだけではなく、太陽本体のごとく自分自身の光によって輝くべきである。

そこで明白な形成は、人間自身の道徳的使命が意識されるや否や、人間によって要求されるのである。しかしそれは同時に人間のために有利に語った形成、すなわち人間の使命にふさわしい感じ方を、道徳的成熟なるものを、表出する形成、でなくてはならない。このような要求を理性は人間の形成に対してするのである。

しかし人間は現象として同時に知覚の対象である。**道徳的**感情が満足を見出す場合には、**美的**感情が制限されてはならず、また理念との一致が、現象において少しも犠牲を払ってはならない。そこでまた理性が厳しく道徳性の表出を要求するにつれて、眼はいっそうひるむことなく美を要求するのだ。この二つの要求は、たとえ判断の決定機関が異なっていても、同一の対象に向かって発せられるものであるから、両方の満足もまたひとつの同じ原因によって与えられねばならない。人間の道徳的人格としての使命を実現するのに最も適した心の状態は、また単なる現象としての人間にとっても最も好ましいような表出を許容するものでなければならない。換言すれば、人間の人倫的能力はグラツィエを通して現れなければならない。

さてここが大きな困難の始まるところである。すでに道徳的に物語る動きの概念から、それらの動きは、感性界を超越するある道徳的原因を持たなければならないことが明らかになっている。まさしく同様に、美の概念から、美は、感性的原因以外のいかなる原因も持たず、完全に自由な自然的効果であるか、もしくは少なくともそう見えなければならないことが明らかになっている。しかし道徳的に物語る動きの最終根拠が必然的に感性界の**外部**に存在し、美の最終根拠がまさしく同様に必然的に感性界の**内部**に存在するものとすれば、両者を結合すべき**グラツィエ**は明らかに矛盾を包含しているように見える。

そこでこの矛盾を排除するために、「グラツィエが根拠としている心情のなかの道徳的原因は、その原因に依存している感性のなかで、まさしく美の**自然条件**を自らに含むような状態を必然的に創り出す」と推定しなければならないだろう。すなわち美は、すべての感覚的なものからみて明らかなように、ある種の条件を前提しており、そしてそれが美である限り、実際またただ感覚的条件だけを前提している。ところが精神は、(われわれの解明できないある法則に従って)精神自体が現にいる状態によって、精神に随伴する自然に対し、その自然の状態を規定すること、そして精神における道徳的成熟の状態こそ、まさしくそれによって美の感覚的条件が実現される状態であること、これらのことによって精神は美を**可能**とするし、そしてこれだけが精神の行為なのである。しかし**実際に**美は、あの感覚的条件の結果から、したがって自由な**自然作用**から生ずるということ。しかし自然は、ある目的を果たすための手段として取り扱われている**意志による**動きにあっては、実際に自由であるとは言えないのであるから、また自然は、道徳的なものを表出する**意志によらない**動きにあってもやはり自由であるとは言えないのであるから、つまるところ自由は、自然が意志に依存しているにもかかわらず外部に現れるときに伴っているので、精神の側からの**許容**なのである。そこでグラツィエは道徳的なものが感覚的なものに実地に示す**恩恵**であると言うことができるし、これはちょうど構築美がその技術的形式を自然の**認可したもの**と見なされ得るのと、同じわけである。

これを比喩的なイメージによって説明することを許されたい。ある君主国において、万事がただ一人の意志によって行われるにもかかわらず、個々の国民は、自分自身の考えに則って生活し、また自分の性向にのみ従っていると、自ら納得できる、というような仕方で行政が行われている場合、これは自由主義的統治と呼ぶであろう。しかし君主がその意志を国民の性向に反して、あるいは、国民がその性向を君主の意志に反して、主張する場合には、この統治に上記の名称を与えることに重大な疑念を持つにちがいない。なぜならば第一の場合にはその統治は**自由主義的**ではないことになるし、また第二の場合には統治はまったく**統治**ではないことになるからである。

これを精神の支配下にある人間の形成に適用するのは、難しくない。精神が精神自体に依存する感覚的自然のなかで、次のような仕方で現れるとき、すなわち自然が人間の意志を最も忠実に果たし、また人間の感情を最もよく語るように表出していながら、それでいて感覚が現象としての自然に対してなす要求をはねつけることがないような仕方で現れるとき、いわゆる優雅と呼んでいるものが生ずるであろう。しかし精神が感覚のなかで強制的に現れるとき、あるいは感覚の自由な効果のなかに精神の表出が欠けるとき、両方ともにそれを優雅と呼ぶことは、ひとしく思いもよらないことだろう。なぜならば第一の場合にはまったく美が存在しないことになるし、第二の場合にはそれがまったく遊動の美ではないことになるからである。

かくしてグラツィエを物語的にするのは、つねに心情における超感覚的根拠だけであり、そしてグラツィエを美しくするのは、つねに自然における単なる感覚的根拠だけである。ともかく精神が美を**生み出す**と言い難いのは、上述の場合において、君主について、彼が自由を**作り出す**と言い難いのと同じである。なぜならば確かにわれわれは自由をある人に**許す**ことはできるが、しかし**与える**ことはできないからである。

しかしながら、どうしてある国民が他者の意志の強制の下で自由だと感じるのかと言えば、その根拠は大方は支配者の意向のなかにあり、もし支配者が正反対の考え方をしていれば、それはその国民の自由にとってあまり有利ではないだろう。それと同じようにわれわれはまた自由な動きの美を、その動きを命じている精神の道徳的性質のなかに探さねばならない。そしていまや次のような問いが生ずる。どのような**人格的性質**が、意志の感覚的道具にいっそう大きな自由を許すのだろうか、そしてどのような道徳的感情が、最もよく表現において美と合致するのだろうか。

意図的な動きの場合における意志も、共感的な動きの場合における情念も、自分に依存している自然に対して、もしもその自然を美と共に自分に従わせようとするならば、**暴力**として振る舞ってはならない、ということだけは明らかである。すでに人間の一般感情は**軽快**をもってグラッィエの主要特性としており、努力を要するものは決して軽快を示すことができない。他方でもしもある美しい道徳的表現を行ってやろうとするならば、自然は精神に対し暴力として振る舞ってはならない、ということも同じく明らかである。なぜならば単なる自然が**支配している**ところでは、人間性は消滅しなければならないからである。

人間が自分自身に対して、すなわち自分の感性的部分が理性的部分に対して取り得る関係は、全部で三通り考えられる。それらの関係のなかに、われわれは人間を現象において最もよく装い、その表現が美であるものを探し出さなければならない。

人間は、その理性的本性のより高い要求に従って振舞うために、その感性的本性の要求を抑圧するのか、あるいはそれを逆にして、人間の本質の理性的部分を感性的部分に従属させ、そして自然的必然性が人間を他の現象と同じく駆り立てるところの衝撃にただ従うのか、あるいは感性的部分の衝動が理性的部分の法則と調和し、そこで人間が自分自身と合致するのか、のいずれかなのである。

人間が自分の純粋な自主性を意識するようになると、感覚的な一切のものを自分から突き放し、そしてこの素材からの分離によってのみ、人間は自分の合理的感情に到達する。だがそのためには、感性が頑固にまた強力に抵抗するので、人間の側に著しい力と大きな努力を必要とし、これなしには、情欲を自制し、また強く話しかけてくる本能を黙らせるのは不可能であろう。そのように行う気になった精神は、精神に依存している自然に、自然が意志に仕える場合と同様に、自然が意志を出し抜こうとする場合にも、精神が自然の主人であることを知らせる。それゆえ感性は精神の厳格な規律のもとに抑え付けている様に現れるであろうし、また内部の抵抗は外から強制を通して表に出るであろう。そこで心情のこのような状態は、自然がほかならぬその自由においてのみ産み出す美にとって、有利ではありえないし、したがって素材と戦っている道徳的自由をうっかり表しているものは、またグラッィエでもありえないであろう。

これに反して人間が、欲望に抑圧されて、自然衝動の放縦な支配を甘受するときには、人間の内的自主性ととものに、その姿でのその自主性のあらゆる痕跡も消失する。ただ獣性だけが、朦朧として生気のない眼差しから、淫らに開かれた口から、息詰まって震えている声から、短くせわしい呼吸から、四肢の震えから、全面的に無気力な体躯から、語っている。道徳的な力のあらゆる抵抗は弱まってしまい、人間の内なる自然は完全に解放されている。しかしながら、感覚的欲望の瞬間に、そしてそれ以上に享受の際に生ずるのが常である、自発的活動の全面的な弛緩こそは、まさしく即座にまた、能動力と受動力との平衡によってこれまで拘束されていた粗野な物質をもたちまち解放してしまう。死せる自然力が、有機体の生ける自然力の上に優勢を占め始め、形式が質量によって、人間性が卑しき自然によって、抑圧され始める。魂の光を放っている目が無気力になり、あるいは**どんよりと据わって**また**うつろに**眼窩から飛び出し、頬のほんのりとした肉色が粗くて単調な上塗り顔料のようにあくどくなり、口はただの穴のようになるのだが、そのわけはその形がもはや活動している力ではなく衰退した力に従っているからであり、声と息吹きは重苦しい胸が軽くなろうとするための呼吸に過ぎず、またいかなる魂をも洩らさない単なる機械的欲求なのだ。一言で言えば、感性が**わがものとしている**自由の場合には、いかなる美も考えられないのだ。道徳的意志が単に**制限した**にすぎない形式の自由は、意志に奪い取られたのと同程度の範囲だけつねに獲得する、粗雑な素材を**圧倒する**のだ。

このような状態にある人間は、絶えず人間性の表出を要求する**道徳的**心情を、怒らせるだけではない。同様に、単なる素材では満たされず、形式のなかに自由な喜びを求める**美的**心情もまた、ただ**欲情**だけが満足するような光景から、嫌悪の念をもって身をそむけるだろう。

人間における二つの本性の間にある関係の第一のものは、君主の厳格な監視があらゆる自由な活動を抑制している**君主国**を思い出させる。第二のものは野蛮な**衆愚政治**を思い出させるのであって、そこでは住民が合法な統治者に対して服従を拒否することによって自由にならないことは、ちょうど人間形成が道徳的自己活動の抑圧によって美しくならないことと同様である。それどころか単に、この場合、形態が物質の横暴に委ねられるように、最下層階級の残忍な専制政治に委ねられてしまうのである。**自由**が法律による圧制と無政府との中間にあるように、いまやわれわれは**美**を、優勢である精神の表出としての**尊厳**と、優勢である衝動の表出としての**欲情**との、中間に見出すであろう。

すなわち**感性を支配している理性**も、**理性を支配している感性**も、ともに表出の美と一致しないとすれば、それならば（第四の場合は存在しないが故に）、**理性と感性との**——義務と傾向との——**調和している**心情の状態こそ、そこにおいて遊戯の美の生ずる条件であるだろう。

傾向の対象となり得るためには、理性への服従が満足の一根拠であることを要するのであって、なぜならばただ快楽と苦痛によってのみ衝動は動かされるからである。もっとも日常の経験ではこの逆になっていて、それで満足が理性的に行為する理由の根拠となっている。ところが道徳自体がついにこの話題を述べるのを止めたのは、批判の不朽の著者(11)のお陰であり、哲学的思索に耽る理性から健全な理性を作り上げた栄誉は、まさにその著者に帰せられる。

しかしこの哲学者の諸原理が本人自身ならびに他の人によってしばしば述べられているところによれば、傾向は道徳感情のきわめて不確かな同伴者であり、そして満足は道徳的使命にとって憂慮すべき添え物らしく思われる。なおまた幸福衝動なるものは、たとえ人間のうえに盲目的支配を主張しなくても、やはり道徳的な選択作業については**口を挟もう**とし、そのためにつねに**法則**のみに従い、けっして**衝動**に従ってはならない意志の純粋性を損なうであろう。そこで傾向が意志の決定に**関与**しなかったことを完全に確実にするためには、傾向を、理性的法則との一致よりもむしろこれとの闘争に見出す方が好ましいのであり、なぜならばただ傾向がとりなすだけで、理性的法則に意志を左右する力をあてがうことがきわめて簡単にできるからである。もちろん道徳的行為において問題となるのは、行為の**法則遵守**ではなくて、ただ心術の**義務遵守**であり、そのため、傾向が義務の側にあるときには、法則遵守の側が通常有利であろう、という考え方をまったく尊重しないのは正当である。それゆえ感性の賞賛は、意志の義務遵守を疑わしくはしないまでも、だがしかし少なくとも、それを**保証する**ことのできない立場にあることだけは、まことに確実であるように思われる。グラッィエにおけるこの賛同の感覚的表出は、それに出合うことになる行為の道徳性に対して、十分にして有効な証拠には決してならないだろうし、ある心術もしくは行為の美しい表れから、その道徳的価値を知ることは決してできないであろう。

ここまでのところ私は、道徳上の**厳格派**[12]と完全に一致していると信じているが、しかし私は、次のことをもってしても**寛容派**にはならないつもりだ。すなわち、純粋理性の分野と道徳的立法の権限内でまったく遠ざけられ排斥されている感性の要求を、現象の分野において、また道徳的義務の現実的遂行の際に、私が主張すべく試みても、である。

すなわち自由な行為に対する傾向の関与は、この行為の純正の義務遵守について何も証明しないことを、私は疑いもなく確信しており——それは私がそのとおりであるがゆえに——私は**まさしくそこから**次のことを推論できると思う。人間の道徳的完全性はただその人の道徳的行為に対する傾向の関与によってのみ明らかになり得ると。すなわち人間は、個々の道徳的行為を行うように定められているのではなく、一個の道徳的存在であるように定められているのである。**諸々の徳行**ではなく、**徳性**が人間の規定であり、そして徳性とは「義務に対する傾向よりほかの」何ものでもない。このように傾向からの行為と義務からの行為とは客観的意味においてたとえ相互にどのように対立しているとしても、主観的意味においてはそうではなく、そして人間は快楽と義務とを結合することを単に**許されている**のみならず、結合**すべき**なのである。つまり人間は自分の理性に喜びをもって従わなければならない。理性を重荷のように投げ棄てるためでも、あるいは厚い外皮のように脱ぎ取るためでもなく、否、理性を最も親密に人間のより高い自我と結合させるためにこそ、人間の精神的本性に感性的本性が提供されているのだ。自然は人間を理性的にして感性的な存在、すなわち人間に作ったことによってすでに、次のような責務を人間に通告している。すなわち、自然が結合したものを引き離さないこと、また人間の神的部分の最も純粋な表現においても感性的部分を追い抜かないこと、および一方の勝利を他方の抑圧のうえに打ち立てないこと、である。人間がその**全人間性**から両原理の統一された作用として成立するとき、それが**人間の本性となってしまっているとき**、そのときはじめて人間の道徳的信念が安全になるのである。なぜならば道徳的精神がまだ**暴力**を用いている間は、自然衝動もそれになお**力**をもって対抗しなければならないからである。単に**打ちのめされただけ**の敵は再び立ち上がれるかもしれないが、しかし**和解した**敵は本当に打ち負かされているのである。

　カントの道徳哲学において、**義務**の理念は、ある厳格さをもって説かれているので、優雅の女神たちはみな恐れてしりごみし、貧弱な思考力は容易にそそのかされて、陰鬱で修道士風な禁欲の教えに、道徳的完全性を求めかねないほどである。この偉大な哲学者は、その晴朗で自由な精神にとってどこからみても最も不快なものであったに違いないこの解釈から、どのように抗議することに努めたとしても、彼は、私の解釈では、人間の意志に作用する二個の原理の鋭く際立った対抗を通して、自らこの解釈を解くひとつの強力な（にもかかわらず彼の意図ではおそらくまったく避けられない）理由を与えたのである。問題それ自体については、彼の示した論証によると、**納得していると望む**、思索的頭脳の持ち主たちの間では、もはやまったく論争の起こることはあり得ず、そして私には、人々がなぜ、この要件について理性から異なった結論を受け取るぐらいなら、自分の全人間存在を放棄しようとしないのか、ほとんど理解できないのだ。しかし彼が真理の**探究**の際にいかに純粋に着手していたとしても、また**ここでは**一切が単なる純客観的根拠から説明されるにしても、しかも発見した真理を**叙述**するときに、彼はより主観的な原則、私が思うに、時代的情況によって説明することが容易な原則、に導かれたように見える。

　そこですなわち、カントが当時の道徳を、制度の面でまた実践の面で、目前に見出したとき、一方においては、道徳的原理における粗野な唯物主義、哲学者たちの品位に欠けた好意がだらけた時代特性に枕として与えた唯物主義が、彼を憤慨させたに違いない。他方において、同様に少なからず疑わしい**完全説原則**、普遍的な世界完全性という抽象理念を実現するために、手段の選択についてはあまり困惑しなかった完全説原則が、彼の注意を喚起したに違いない。そこで彼は危険が最も明らかにされ、また革新が最も切迫していた方面に、彼の論拠の最強の力を向けたのであり、そして感性を、それが厚顔にも道徳感情を嘲笑している場合も、またこけおどしの仮面をつけた道徳賞賛の目的——特にある種の熱狂的な教団精神は、この目的のなかに感性を隠すことを知っている——である場合も、容赦なく追求することをもって自分の原則とした。彼は**無知**を教化しなければならなかったのではなく、**間違った言動**を正さなければならなかった。治療に必要なのは感動であって、甘言や説得ではなかった。それに真理の原則と時代を支配している主義主張との間の差異が激しければ激しいほど、彼は益々それについて考察を加える希望をもつことができた。彼は時代の**ドラコン**[13]となった、というのは時代はまだ彼を**ソロン**[14]に値するとして受け入れるとは思えなかったからである。彼は純粋理性の聖域から、なじみはないけれども他方でよく知られた道徳法則を持ち出し、その全体の神聖さのまま、品位を落とした時代の前に提示した。そしてその光輝に耐えられない弱い目があるかどうかについてはほとんど気にかけなかった。

しかし彼が**召使たち**のことばかり心配したからといって、**家の子供ら**[15]に何の落ち度があったというのだろうか。しばしばきわめて不純な傾向が徳の名を僭称するので、そのために最も高貴な胸のうちの私欲のない情緒まで も疑いを被らなければならなかったのではないか。道徳的に柔弱な人が理性の法則に、彼の便益の玩具としてしまう**弛緩性**を好んで与えたがったので、そのために道徳的自由の最も力強い表明をも、単に一種の賞賛すべき隷従に変ずる**硬直性**が、彼に授けられねばならなかったのではないか。というのは真に道徳的な人間は、感性の奴隷が有する快楽と苦痛の間の自由な選択よりも、自己尊重と自己棄却の間にいっそう自由な選択を有しているのではないか。前者の場合の堕落した意志に対して働く強制よりは、後者の純粋な意志に対して働く強制の方がいくらか弱いのではないか。もともと道徳律の**命令**形を通して人間性は告発されまた貶められねばならなかったのではないのか、また人間性の偉大さの最も崇高な記録が同時にその脆弱さの証書でなければならなかったのではないのか。この命令形によって、人間が理性的存在者として自らに課す規則、それゆえにただ人間だけを拘束していて、またそれだけが人間の自由の感情と両立しうる規則が、なじみのない具体的な法律の外観を呈さなかったことを、本当に避けられただろうか――その外観、人間の過激な性癖によって、法律に反して行動する（人間の性癖のせいにしている）ことを小さく見せることのない外観を！*

*批判哲学の著者の新著『理性の限界内における啓示』[16]第一部における人間の本性に関する信条を参照せよ。

人間が赤面せずに自白してよい感情を自分に**対して**持つことは、道徳的真理にとって確かに有利ではない。しかし美および自由の感情はいかにして、法則、人間を**信頼**によるよりもむしろ**恐怖**によって指導する法則、自然がともかく**結びつけ**ているはずの人間をいつも**分離**しようと努めている法則、そして人間存在の一部分に対して不信の念を呼び起こすだけで他の部分に対する支配権を手に入れる法則、このような法則の陰鬱な精神と折り合わなければならないのだろうか。人間の本性は現実においてはひとつの結合した全体であり、ただ分離によってのみ何かあることができるとする哲学者の見解よりも、いっそうかたく結合した全体である。もはや断じて理性は、心が喜んで白状する情動を理性には無価値だとしてはねつけることはできないし、人間が道徳的に堕落したとすると、理性独自の尊敬の念が高まることはない。もしも人倫的なもののなかの感覚的本性はつねに抑圧されていて決して**協力する**味方ではないとすれば、どうして感性的本性は、自身を自ら祝う勝利の喜びに向けて燃えるような全感情を仲間にすることができるだろうか。どうして感性的本性は、純粋な精神の自己意識の非常に溌剌とした参加者であることができるだろうか、もしも、分析的思考力自体さえもはや暴力を使わずに感性的本性を引き離すことができないほど、感性的本性が限りなく親密に純粋な精神と結びついているとすれば。

もともと意志は、認識の能力よりも感覚の能力といっそう直接的な関係をもっており、もしも意志がまず純粋理性によって方向を見定めなければならないとするならば、多くの場合、具合が悪いことになるだろう。もしもある人間が衝動の声をほんの少ししか信用せずに、いつもまず道徳の基本法則を聞きだすよう余儀なくされているとすれば、私は彼に対してなんら良い先入観を呼び起こすようにはならない。むしろ彼が、衝動の声によって誘惑される危険なしに、安心してその声に身を委ねるとき、人々は彼をとても尊敬する。なぜならば、それは両原理が彼のうちで、すでにかの合致の状態にあるからである、すなわち完成された人間の印、そして人々が**美しい魂**(17)のもとに理解している合致があるからである。

道徳感情が、最終的に意志の指導を情動に安心して委ねることができるほど、また決して意志の決定と矛盾する危険がないほど、人間のあらゆる感覚を保証したとき、これを美しい魂と呼ぶ。それゆえ美しい魂にあっては、個々の行為が本来道徳的なのではなく、性格全体が道徳的なのである。それにそれらの行為のうちのいかなるものも、その魂の功績に帰することはできない、というのは衝動の満足は決して功績とは呼べないからである。美しい魂はそれが美しい魂であることのほかにどのような功績もない。それは単に本能だけがそこから発して行っているような軽快さをもって、人間性に対する最も苦痛な義務さえ遂行し、そして、この魂が自然衝動に払わせた最も英雄的な犠牲も、目にはまさしくこの衝動の自発的作用のように見えるのだ。それゆえにこの魂は、自分の行為の美しさについて決して自分では知ることがなく、そして、人々が別様に行為しまた感受できるとは、もはや思いつかない。これに反して、師匠の言葉が要求する道徳律の授業のような生徒は、何時でも自分の行為の法則に対する関係について、最も厳格な考慮をする用意ができているようだ。後者の生活は、規則が硬い線で指示されている線描画、そしてひょっとしたら弟子が芸術の原理を学ぶことができる線描画、に似ているであろう。しかし美しい生活においては、ティツィアーノ(18)の絵画におけるように、鋭い輪郭線がみな消失し、それにもかかわらず形態全体はそのためにより真実に、より溌剌と、より調和的に、現れてくるのだ。

美しい魂においてはそれゆえに、感性と理性、義務と傾向が調和していて、グラツィエは現象におけるその魂の表出である。美しい魂に仕えることによってのみ、自然は自由を所持し、またその形式を保持することができるのである。ところが自然は厳粛な心情の支配の下で自由を、感性の無政府状態の下で形式を、失うのである。美しい魂は同様に構築美に欠けている形姿の上にも否応なしにグラツィエを注ぎかけ、そしてこの魂自体が、自然の欠陥の上にさえ勝利を得るのをしばしば見かけるところである。美しい魂から発するすべての動きは、軽快でもの柔らかであり、しかも生気に富んでいる。目は晴れやかにのびのびと光り輝くであろうし、そして感覚が目のうちに輝いているであろう。心の優しさから、口元は、いかなる偽装によっても装えないグラツィエをたたえているだろう。容貌のなかにはいかなる緊張も、意志による動きのなかにはいかなる強制も認められないであろう、なにしろ魂はそのいずれも知らないのだから。声は音楽のようであり、そしてその抑揚の純粋な流れをもって、心を動かすだろう。構築美は、満足を、賛嘆を、驚愕を、惹き起こすことができるが、しかし優雅だけがうっとりとさせるだろう。美は**崇拝者**をもつが、**恋慕者**をもつのはグラツィエだけである。なぜならばわれわれは創造者に敬意を捧げ、そのうえで人間を愛するからである。

全体的に見れば、優雅は比較的多く**女性**のもとで(美はおそらく比較的多く男性のもとで)見出されるであろう。これについて理由を遠くに求めるに及ばない。優雅には、身体的構造と同様に性格も寄与しなければならない。前者は印象を受け入れ遊動へと移していく柔軟性によって、後者は諸感情の道徳的調和によって、寄与しなければならない。この両方の点で、自然は男よりも女の方により いっそう恩恵を与えたのである。

女のいっそうしなやかな体格は、いずれの印象もいっそう速やかに受け取ると共に、いっそう速やかに再び消滅させる。引き締まった体質はただ激情によってのみ動きが生ずるのであって、もしもたくましい筋肉が引き締められるならば、それはグラツィエに必要とされる軽快さを示すことができない。女の顔においてはまだ美しい感傷的であるものが、男の顔ではきっと苦しみを表出するだろう。女のしなやかな繊維は、情動のきわめてかすかな気息にも細い葦の葉のようにしなう。軽く愛らしい感情のうねりのなか、魂は表情豊かな顔の上をすべっていくが、やがてその顔は再び静かな鏡へと平らになる。

魂がグラツィエに対してなさなければならない寄与もまた、男においてよりも女においていっそうたやすく叶えられうる。女の性格が、道徳的純粋性の最高理念まで高まることはまれであろうし、また**感動的**行為を超えていくこともまれであろう。女の性格はしばしば勇壮な力をもって感性に抵抗するが、しかしつねにもっぱら感性を**用いて**である。ところが女の倫理は通常、傾向の側に味方するから、現象においては、あたかも傾向がまさしく倫理に味方するかのように見えるだろう。このように優雅は、女性的徳の表出であると思われ、この表出は男性的徳にはきわめてしばしば欠けているとしてよい。

尊厳

優雅が美しい魂の表出であるように、**尊厳**は崇高な志操の表出である。

人間には、その二つの本性の間に親密な一致を作り出すこと、つねにひとつの調和する統一体であること、そしてその十分に調和した人間性全体で行為すること、という使命が課せられてはいる。しかし人間性の最も成熟した果実であるこの性格美は、単にひとつの理念であって、人間が不断の注意をもってそれに適合すべく努力してはいるものの、いかなる努力をもってしても決して完全に到達できない理念なのである。

それのできない理由は、人間の本性の変えがたい組織にある。すなわち人間をその点で妨げているのは、人間存在それ自体の物理的制約である。

つまり自然の条件に依存する感性界において、自己の実存を確実にするために、人間は、任意に自己を変えることができる存在として、自己保持のために自ら尽力しなければならないので、人間の存在の例の物理的制約を充たし、それらが廃止されたならば再び回復できるような行為を成し遂げられる人間でなければならなかった。しかし自然が、その植物の生産においてまったく単独で引き受けているこの配慮を、人間自身に任せなければならなかったとはいえ、人間と人間の全種族の全存在にかかわる切迫した欲望の満足は、人間の不確実な判断に委ねてはならなかった。自然はそれゆえに**内容の上で**自分の領域に属するこの問題を、また**形式の上で**もそこに引き寄せたが、これは自然が恣意の決定のなかに必然性を入れることによってである。こうして自然衝動が生じたが、これは感覚の媒介による自然必然性以外の何ものでもないのである。

自然衝動は苦痛と喜びの組み合わされた力を通して感覚能力をそそのかす。満足を要求するときは苦痛を通して、満足を見出したときは喜びを通してである。

自然必然性からは何ひとつ値切れないので、人間もまた、その自由にもかかわらず、自然が人間に感じさせようとするものを感じるしかなく、そして感覚が苦痛か快楽か次第で、嫌悪あるいは欲望がまさしく避けがたく人間のもとに起こるにちがいない。この点において人間は動物と完全に同等であり、最も剛毅なストア学派の人(19)といえども、足もとにいる蛆虫と同じく、飢えを敏感に感じ、そして激しく飢えを忌み嫌う。

しかしそのとき大きな相違が始まる。動物にあっては欲望と嫌悪に続いてまさしく必然的に行為が起こる、ちょうど欲望が感覚に続いて起こり、感覚が外的印象に続いて起こったように。ここにはおのおのの輪が必然的に他の輪と繋がり、はてしなく続いていく鎖がある。人間にあってはなおそれ以上に審判、すなわち**意志**があり、これは超感覚的能力として、自然の法則にもまた理性の法則にも、後者に従うか前者に従うかというまったく自由な選択の余地がないほど、支配されていない。動物は苦痛を免れようと努めなければならず、人間はこれに耐えようと決心することができる。

人間の意志は、人間が意志の道徳的行使を顧慮しない場合でも、実際、崇高な概念である。**単なる**意志だけですでに人間を獣性以上に高めるのであり、**道徳的**意志は人間を神性にまで高めるのである。けれども人間は、神性に近づきうる前に、あらかじめ獣性を放棄していなければならない。それゆえ自己のなかの自然必然性の打破によって、些細な事柄においても、**ただ**意志だけを行使することは、意志の道徳的自由にいたる重要な歩みにほかならないのである。

自然の立法は意志にいたるまで存続し、そこにおいて自然の立法が終わり、理性の立法が始まる。意志はここにおいて二つの裁判権の間に立っていて、両者のうちのどちらの法則を受け取るべきか、ということについては完全に意志自身に任されているのだが、しかし意志は両者に対して同一の関係に立っているのではない。自然力としては、意志は一方に対しても、他方に対しても自由である。すなわちこちらにもあちらにも味方してはなら**ない**。しかし道徳力としては、意志は自由ではなく、つまり理性的な力に味方す**べきである**。意志はいずれの法則にも**結び付けられて**いないが、しかし理性の法則に従う**義務を負わされている**。そこで意志は、たとえ理性に反した行為をしても、自身の自由を実際に行使しているのであるが、しかし自由に**値しない**ような使い方をしているのであって、なぜならば意志は自身の自由を無視して、本当に**自然の内部に**のみ留まって、単なる衝動の活動に対してまったく何の事実をも付け加えないからである。というのは**欲望から意欲する**ことは、単にいっそう回りくどく切願することだからだ。*

＊この主題については、ラインホルト書簡(20)の第二部のなかの注目に値する意志理論を読まれたい。

衝動が自分の満足のために道徳原理に反する行為を要求するときには、衝動による自然の立法は、原理に由来する理性の立法と反目することがありうる。この場合、自然の要求を理性の判定の後に置くことが、意志にとって変わらない義務なのであって、なぜならば自然法則はただ条件付で義務を課すのに、理性法則は絶対的かつ無条件的に義務を課すからである。

しかし自然は力強くその権利を主張し、そして決して勝手に要求しているのではないから、満足せずに、要求を撤回することもない。自然が運動へともたらされる第一原因から、自然の立法の終わる意志にいたるまで、自然のなかの一切は厳密に必然的であるがために、自然は**後方へ**向かって屈服することなく、むしろ**前方へ**、その欲求の満足を左右する意志に向かって押し迫らなければならない。時折あたかも自然が近道を取り、そして、自身の欲求が満たされる行為について、あらかじめその請願を意志の前に提出せずに、直接的因果関係を有するがごとく見えることがある。このような場合には、すなわち人間が衝動を単になりゆきに**任せる**のみでなく、衝動が自らこのなりゆきを**選び取る**場合ならば、人間は**単なる**動物に過ぎなくなるだろう。しかし人間がいつかそのとおりになりうるかどうかは大いに疑わしく、また実際そうであるとしても、衝動の盲目的な力が、人間の意志の罪過でないかどうかは、大いに疑わしい。

それゆえに欲求能力はあくまでも満足を要求し、また意志は、それに満足を得させるように要請される。しかし意志はその決定根拠を理性から受け取らなければならないし、そしてひとえに理性が許可もしくは指令するところに従ってその決定を下さなければならない。さてそこで意志が、衝動の要求を受諾する前に、実際に理性に問い合わせる場合には、意志は道徳的に行動するのである。

しかし意志が直接決定する場合には、意志は感覚的に行動する。*

*しかし理性への意志の**この**問い合わせを、ある欲望の満足への**手段**と理性が認めるべき場合の問い合わせと、混同してはならない。ここではいかにして満足が**得られる**べきかではなく、はたして満足が**許される**べきか否かが問題なのである。後者のみが、道徳の領域に属し、前者は知性に属する。

そこで自然がある要請をして、意志を情動の盲目的な暴力によって不意打ちしようとするたびに、理性が話し終わるまで、自然にその暴力の休止を命ずるのが、意志の権利である。理性の発言が感性の興味に**味方する**ものか、あるいは**反対する**ものか、これはまだ意志は知ることができない。しかしまさしくそれゆえに意志は、あらゆる情動について区別せずにこのやり方を見守らなければならず、自然が**事を始めている**側であればいずれの場合にも、自然に直接の因果関係があることを拒絶しなければならない。性急に満足の充足を急ぎ、意志の要請をまったく無視しようとする欲望、この暴力を、意志が打ち破ることによってのみ、人間はその自主性を示すのであり、そしてまた実際に、単に欲し単に嫌うのではなく、自己の嫌悪と欲望をいつでも**主張**しなければならない道徳的存在であることを自ら実証するのである。

しかし理性に単に問い合わせることがすでに自然の侵害になるのであり、それは自然は自己の属する事柄については資格のある判定者であり、またその発言が今までとは異なる外部の審査に服従させられているのを見たくないからである。欲求能力の要件を道徳的な裁きの場に持ち出すその意志行為は、それゆえに本来の意味において**反自然的**であって、なぜならばそれは、必然的なものを再び偶然化してしまい、また理性の法則に、自然の法則だけが発言でき、また実際に発言してきた事柄について、その決定を任せるからである。なにしろちょうど純粋理性がその道徳的立法において、感覚が実際に理性の決定を取り上げるか否かをほとんど顧慮しないように、自然もその立法において、どのように純粋理性を満足させるかについてほとんど問題としないからである。両者の立法のそれぞれに異なった必然性が妥当するのであるが、もしも他の立法にみられる気ままな変更が一方でも許されているとしたならば、それは必然性ではないことになる。それゆえ最も勇敢な精神といえども、それが感性に対して試みるあらゆる反抗にもかかわらず、感覚そのもの、欲望そのものを抑圧できず、単にそれらが自己の意志規定の上に影響を及ぼすことを拒絶できるだけである。つまりその精神は道徳的手段によって衝動を**無力に**できるが、しかし自然的手段によらなければ、衝動を**和らげる**ことはできない。その精神はその自主的な力によって自然法則が意志に強制するものとならないよう阻止することはできるが、しかし自然法則そのものについて精神は絶対に何も変えることはできない。

それゆえ情動においては、「自然(衝動)が**最初に**行動し、そして意志をまったく**回避する**か、あるいは**強制的に**自然の側に引き入れようと努めており、そのようなところでは、性格の道徳性は**反抗**を通す以外の方法では打ち明けるのが不可能であり、そして衝動が意志の自由を制限することのないようにするには、ただ衝動の制限によってのみ防ぐしかないのだ」。それゆえ情動においては、理性の法則との一致は自然の要求に対する反論以外の方法では不可能である。そして自然はその要求を道徳的根拠に基づいて決して撤回せず、したがって、意志がまた自然を顧慮してどのような態度をとろうと、自然の側ではすべて何の変化もしないために、ここでは傾向と義務、理性と感性の間にいかなる調和も不可能であり、また人間はここでは人間の完全に調和的本性をもってではなく、もっぱら人間の理性的本性をもってのみ行為することができるのである。それゆえ人間はこれらの場合には、**道徳的に美しく**行為しているのではないのであって、なぜならば行為の美には、ここではむしろ対立している傾向も不可欠な部分を占めていなければならないからである。しかしこの人間は**道徳的に偉大に**行為しているのであって、なぜならば感性的能力を超えるより高い能力の優越を立証するものすべて、そしてひとりそれのみが偉大だからである。

美しい魂はそれゆえ情動においては**崇高な**魂に変わらなければならず、そしてこれが、この魂を**善良な心**あるいは**気質上の徳**から区別できる間違いようのない試金石である。ある人間において、正義が幸いにも傾向の側にあるがために、傾向が正義の味方であるならば、そのとき自然衝動は情動において完全な強制力を意志に対して行使するであろうし、そして、犠牲が必要とされるところでは、犠牲となるものは道徳性であって感性ではないだろう。これに反して、美しい性格の場合のように、理性自身が傾向に**義務を負わせ**、そして感性に合わせて**ただ**舵を**任せた**とき、衝動がその全権を乱用しようとすれば、理性は直ちにその舵を取り返すだろう。そこで気質上の徳は情動においては単なる自然産物にまで低下するが、美しい魂は英雄的な魂に移行し、また純粋な英知にまで高まるのである。

道徳的な力による衝動の支配が**精神の自由**であり、**尊厳**とは現象におけるその表出をいうのである。

厳密にいえば、人間のうちなる道徳的な力を表現することはできないのであって、それは超感覚的なものは決して具象化されないからである。しかし間接的にはその力を感覚的な標識を通して理解力に示すことができるのであり、人間形姿の尊厳がまさしくその場合である。

興奮した自然衝動は、ちょうど道徳的感動状態にある心と同じように、身体の動きを伴うのであって、この動きは意志に先立って急ぎ始まることもあれば、単なる共感的な動きとして、少しも意志の支配下に置かれないこともある。というのは感覚ばかりか欲望や嫌悪も、人間の恣意にはならないために、人間はそれらと直接関連している動きを指令することができないのである。しかし衝動は単なる欲求に立ち止まることはなく、性急にぜひともその対象を具体化しようと努め、そして、自立した精神によって厳重に反対されないときには、自ら、意志のみが命ずべき行為さえ、**先取りする**であろう。なぜならば生存衝動は絶えず意志の領域における立法権を得ようと必死になり、そしてその努力は、動物と同様に、人間をもまさしく拘束されずに取り仕切ることができるのである。

こうして生存衝動が人間のなかに燃え立たせるあらゆる情動には、二通りの種類と起源をもつ動きを見出すことになる。第一は感覚から直接に発し、それゆえまったく無意識的な動きである。第二は、種類からすれば意識的であるべきであり、またそうありうる動きなのだが、盲目的な自然衝動が自由から勝ち取った動きである。前者は情動自体に関係があり、それゆえ必然的にそれと結合されている。後者はむしろ情動の原因と対象に相応するもので、それゆえそれはまた偶然的でありまた変わりやすく、情動の確かな標識と見なすことはできない。しかし両者とも対象が定まるや否や、自然衝動と同じく必然的であるから、そこでまた両者は、情動の表出を完全で調和した全体とするために、共に必要なのである。*

＊第二種の動きのみ見出されて第一種のものを欠く場合には、これは、人物が情動を欲していて、自然がこれを拒んでいることを示す。第一種の動きが見出されて第二種のものを欠く場合には、これは、自然が実際情動のなかに移し変えられていて、人物が情動を禁止していることを示す。前の場合は、見栄を張る人間や拙劣な喜劇俳優などにおいて日常的に見受けられ、後の場合は、ごくまれに、ただ激しい気性の人々にのみ見受けられる。

さて意志が、機先を制しようとする自然衝動に制限を加え、その凶暴な力に対して自己の権利を主張するのに十分な自立性を有するときは、激した自然衝動が自分自身の領域のなかで引き起こしたすべての現象は、依然として効力を失わないが、しかし自然衝動が他の裁判権のなかで、勝手に無理やり自分のものにしようとした現象は、すべて現れないであろう。こうして現象はもはや一致しないが、まさしくこの矛盾のなかにこそ道徳力の表出が存在するのである。

われわれがある人間において、前述の第一種の完全に無意識的な動きの部類に属する、最も苦痛に満ちた情動のしるしを認める、と仮定しよう。しかしその人の血管が膨張し、筋肉が痙攣を起こすほど緊張させられ、声は詰まり、胸は盛り上がり、下腹部が内側に圧迫されていながら、意識的な動きは静かであり、表情は率直で、眼や額の周囲には晴朗の気が漂っている。もしも人間が単に感性的存在であるとするならば、その表情のすべては、みな同じ共通の起源をもつわけだから、互いに一致していることになろうし、したがってまた現在の場合では、すべてが区別無く苦悩を表出しなければならないだろう。ところがここでは平静の表情が苦痛の表情のうちに混じっていて、しかも同一の原因が相反する結果をもたらすことはありえないため、この表情の矛盾こそ一種の力、すなわち苦悩から独立し、そして感性的なものが圧倒されている印象にまさる力、この力の存在および影響を証明している。そうしてこのような次第で、いまや**苦悩における平静**は、尊厳が本来そこに存在するものとして、単に間接的な推理によるのであるが、人間における叡智の表現およびその道徳的自由の表出となる。*

＊これについてはタリーア三号所載の悲壮的描写の研究[21]において詳しく論じられている。

しかし、狭義の苦痛は、単に苦痛を与える感動を意味するが、この苦痛についてだけではなく、一般に欲求能力のそれぞれ強い利害についても、精神はその自由を証明し、それゆえに尊厳が表出であることを証明しなければならない。快適な情動は、苦痛な情動よりも少なからず尊厳を必要とするのであって、それは自然が両方の場合に好んで主人を演じたがっているためであり、そこで意志によって抑制されなければならないからである。尊厳は情動の**内容**ではなくて**形式**に関係するのであり、それゆえ、しばしば、内容からすれば賞賛に値する情動も、尊厳の欠乏から人間がそれに盲目的になるときには、普通なもの、低劣なものに落ちることが起こりうる。またこれに反して尊厳が単に形式において感情に対する精神の支配を示すや否や、好ましくない情動が崇高にすら近づくことがまれではないのである。

それゆえ尊厳においては精神が肉体の**支配者**として振る舞っており、なぜならここでは精神がその自立性を専横な衝動に対して主張しなければならないからであって、それもこの衝動が精神を除外して行動を始め、精神の拘束から何とか免れようとしているからである。優雅においては、これに反して精神は**自由思想**をもって支配するのであり、なぜなら精神はここでは、自然が行動を定めていて、しかも打ち勝つべきいかなる抵抗も、見出されないからである。しかし寛容に値するのはただ従順だけであり、**反抗**だけが厳格を正当化することができる。

それゆえ優雅は**意識的な動きの自由**のなかにあり、尊厳は**無意識的な動きの支配**のなかにある。優雅は、自然が精神の命令を遂行するとき、それに自発性の外観を残しておく。尊厳は、これに反して自然が支配しようとするとき、自然を精神に服従させる。衝動が行動を始めようとするとき、そして不遜にも意志の任務に手を出そうとするとき、いつでも意志は**寛容**であることを表明してはならず、それではなくて最強の反抗によってその自主性（自律）を証明しなければならない。これに反して意志が**始め**、感性がこれに**従う**とき、そのとき意志は厳格を表明してはならず、それではなくて寛容であることを証明しなければならない。これは簡単に言えば人間における両本性間の関係についての法則であり、これがこのように現象界に現れるのである。

それゆえ尊厳はより多く**苦難**（パトス）[22]において、優雅はより多く**振る舞い**（エートス）[23]において、要求され、また表明されるであろう。なんとなればただ苦難のなかにのみ心情の自由が、そしてただ行動のなかにのみ身体の自由が、明らかにされるからである。

尊厳は自立した精神が自然衝動に対して行う反抗の表出なので、自然衝動はつまり反抗を必要とするひとつの暴力と見なされなければならず、そこで、戦うべきなんらそのような暴力のないところでは、尊厳は笑うべきものとなり、また、もはや戦うべきなんらの暴力もなくなっているとすれば軽蔑すべきものとなる。些細な行為においても一種の威厳を装う喜劇役者（地位と尊厳があるとしても）は、笑われる。しばしば単に卑劣な言行をしないといったありふれた義務を履行することも、尊厳に数えられるとするような心の狭い人は、軽蔑される。

一般に人々が徳について要求するものは、元来、尊厳ではなくて優雅である。尊厳は、必ず徳の内容が衝動に対する人間の支配を前提しているので、自ずから徳に従っている。道徳的義務の履行に際しては、前々から感性は強迫と抑圧の状態になるだろうし、とりわけそれが苦しい犠牲を払う場合にそうであろう。しかし完全な人間性の理想は、道徳と感性との対抗ではなくて調和を要求するので、両者の対抗の表出として、主観の特殊な限界かあるいは人間性の普遍的限界を可視化する尊厳と、この理想とはおそらく合致しないだろう。

第一の場合、そしてある行為において傾向と義務との不調和が単に主観の無能力による場合には、この行為はいつでも、闘争が行為の実行に、それゆえに尊厳が行為の実現に混入するほど、それだけ多く道徳的価値を失うであろう。なぜならばわれわれの道徳的判断は、おのおのの個人を種の基準の下に置き、そして人間に人間性の制約以外の何らの制約をも許さないからである。

しかし第二の場合、そして義務の行為が、人間の本性の概念を破棄しないで、自然の要求と調和させられない場合には、必然的に傾向は反抗し、ただ闘争の光景だけがわれわれに勝利の可能性を確信させることができる。それゆえこの場合われわれは現象における抗争の表出を期待するのであり、人間性すら見えないところに徳を信ずるよう説き勧められることはないだろう。そこで道徳的義務が感覚的本性を必然的に苦しめるような行為を命令するところでは、本気があって遊戯はまったくなく、実行が容易なことはわれわれを満足させるよりもむしろ憤慨させるだろう。それゆえこの場合、表出されうるのは優雅ではなく尊厳ということになるだろう。要するにここでは、人間は、人間性の内部で遂行できる一切を優雅をもって行わなければならず、遂行するために人間性を越えて行かなければならない一切を尊厳をもって行わなければならない、という法則が妥当する。

われわれは徳に対し優雅を要求するように、傾向に対しては尊厳を要求する。尊厳が徳にとって自然であるように、優雅が傾向にとって自然であるのは、すでに優雅が内容からみても感性的であり、自然の有する自由に好意的であり、あらゆる緊張を嫌っているからである。粗野な人間といえども、愛もしくはこれに似た情動が生気を与えているときは、ある程度の優雅が欠けることはなくはないし、そしてとにかく完全に感覚的な指導の下にある子供におけるほど優雅なものはどこに見出せようか。はるかに大きな危険はむしろ傾向がついに苦悩の状態を優勢にしてしまい、精神の自己活動を窒息させ、そして一般的な弛緩を招くという場合にある。したがって、**道徳的**源泉のみが供給できる高貴な感情が尊敬されるために、傾向はいつでも尊厳と結びついていなければならない。それゆえに愛する者はその情熱の対象に尊厳を要求する。**欲求がその対象に駆り立てた**のではなく、**自由がその対象を選んだ**こと——その対象を**物として熱望する**のではなく、**人格として尊敬する**こと、愛する者にこれを保障するのはただ尊厳だけなのである。

人は義務を負わせる者には優雅を要求し、また義務を負わされている者には尊厳を要求する。前者は、他者に対する感情的利点をあきらめるために、彼の無私な決意の行為を、傾向をそれに関与させることにより**情動に駆られた**行為にまで貶めて、これによって自分に勝者の外観を与えなければならない。後者は、彼が置かれている従属状態によって人間性（自由がその聖なる守護神である）が彼の人格内で辱められないために、衝動の単なる**突進**を意志の行為にまで高め、こういう風に恩恵を受けとることによって、恩恵を示すべきである。

人は、ある過失を非難するときは優雅をもってし、それを告白するときは尊厳をもってしなければならない。これが逆になると、あたかも一方は長所を感じ過ぎ、他方は短所を感じなさ過ぎるような外観を呈するであろう。

強者が愛される者でありたいと望むならば、グラツィエによってその優越性を緩和するのがよい。弱者が尊敬される者でありたいと望むならば、尊厳によってその力の無さを助け起こすのがよい。それとは別に人は、尊厳は玉座に属するという意見をもっており、また周知のように評議会や聴罪司祭会や議会において、玉座に座っている者は、優雅を好んでいる。しかし政治の国において善くかつ賞賛すべきものとしてよいものが、趣味の国においては必ずしもそうだとは限らない。趣味の国には国王でさえ――王座から降りるや否や、（なにしろ王座はその特権をもっているから）歩み入るし、そして追従する廷臣もまた、人間へと立ち直るや否や、この国の聖なる自由の下に入る。それからしかし前者には、他者の過剰をもって自分の欠乏を補うこと、そして自分自身がグラツィエを必要とするだけ尊厳を相手に譲ることを、忠告したい。

尊厳と優雅はともに自己を表す相異なる領域を持っているので、それらは相互に同一人格において、否、ある人格の同一状態においてさえ、互いに締め出すことはない。むしろ、尊厳がその認証を受け取るのはただ優雅からだけであり、また優雅がその価値を受け取るのはただ尊厳からだけである。

尊厳だけでも、確かにわれわれがそれに出合うどこででも、欲求と傾向についてある確かな制限を示している。しかしわれわれが支配していると思っているものが、むしろ感覚能力の鈍感（硬さ）ではないかどうか、また、現在の情動の突発を抑制しているものが、実際に道徳的自己活動でないかどうか、そしてむしろ他の情動の優勢、つまり故意の緊張力ではないかどうか、この問いには疑いも無くただ尊厳と結合した優雅のみが解決できるのである。すなわち優雅は、おだやかな、自ら調和した心情、および敏感な心を生み出すものなのである。

それと同様に優雅はまたそれ自身で感情能力の鋭敏さおよび諸感覚の一致を示している。しかし感覚に多くの自由を許し、そして心をあらゆる印象に対して解放するものが、精神の怠惰ではないということ、そして諸感覚をこのような一致に持ちきたしたのが道徳的なものであるということ、これはわれわれにあらためてそれと結びついた尊厳だけが保証しうるものである。すなわち尊厳においては主体が自立的な力であることを自ら証明する。そして意志は、無意識的な動きの**放縦**を**抑制する**ことによって、意識的な動きの**自由**を単に**許している**に過ぎないということを知らせているのだ。

さて優雅と尊厳が、前者はなお構築美によって、後者は力によって支持されて、同一人物に**合一されると**、人間性の表出はその人物において完結し、そしてその人物は精神界においては正義に満ち、現象界においては自由に解放されて、そこに立つのである。ここでは二つの立法は、相互に密接に接触しているため、その境界が合流してしまうのである。やわらげられた輝きを伴って、口許の微笑のなかに、穏やかな生気を帯びた眼差しのなかに、晴れやかな額のなかに、**理性の自由**が立ち昇り、すると崇高な別れをもって、容貌の気高い荘厳さのうちに**自然の必然性**が没していく。この人間の美の理想に向かって古代人は造形しており、これはニオベー[24]の神々しい姿、ベルヴェデーレのアポロ[25]、ボルゲーゼ家の翼のある守護神[26]、またバルベリーニ宮殿のミューズ[27]に認められる。*

＊ヴィンケルマン[28]はグラツィエと尊厳との結びつきから生じるこの高尚な美を、彼独自の洗練された、優れた感覚をもって把握し、記述した（『美術史』[29]第一部四八〇頁以下、ヴィーン版）。しかし彼は、結合していると認めたものを、単にひとつのものとしてのみ受け取り示し、そしてただ感覚が教えるところに留めてしまい、それがことによると区分されうるものではないかどうか研究しなかっ

た。彼は明らかに尊厳のみに帰属すべき特徴をグラッツィエの概念のなかに受け入れることにより、この概念を混乱させたのである。しかしグラッツィエと尊厳とは本質的に異なり、グラッツィエの一**条件**であるようなものを反対にグラッツィエの一**特性**としてしまうことは正しくない。ヴィンケルマンが気高く神々しいグラッツィエと呼んでいるものは、圧倒的な尊厳を伴った美とグラッツィエ以外の何者でもない。彼は言う、「天来のグラッツィエは自ら満足しているように見え、自己を示さず、むしろ求められたいと望んでいる。このグラッツィエは自ら感覚になるのにはあまりに崇高である。このグラッツィエは自己の内に魂の動きを閉じ込め、そこで神的な自然の至福な静寂に近づいていく」。——また他の箇所で言う、「この天来のグラッツィエによって、ニオベーの芸術家は、非物質的な理念の国に意を決して飛び込み、そして**死の恐怖を至高の美とひとつにする**奥義に到達した」(ここではもっぱら尊厳が意味されていることは明白で、別の意味を見出すことなどはほとんどできない)、「彼は、何ら感覚の欲望を呼び起こさない純粋な精神の持ち主の創造者となったのであって、なぜならばそれらは激情を引き起こすために形成されたのではなくて、激情を単に受け入れているように見えるからである」。——ある他の箇所ではこう言っている、「魂はただ静かな水面の下に現れるだけであり、決して荒々しく外に現れることはない。苦悩の表象のなかに最大の苦痛が閉じ込められていて、歓喜がレウコテアー(30)の顔の上に、ほとんど木の葉も動かぬ静かな微風のように漂っている」。

これらすべての特徴はグラッツィエではなくて尊厳に帰属するものである。なぜならグラッツィエは閉じ込もるものではなく、出迎えるのであり、グラッツィエは感覚的に振る舞い、またなお崇高ではなくて美しいからである。ところが尊厳は、自然をその表れにおいては留め置いており、表情には死の苦悶においてもラオコーン(31)のきわめてつらい苦悩においても、平静を要求する。

ホームも同様の誤謬に陥っているが、この著者にあってはそれほど驚くには当たらない。彼もまた、優雅と尊厳を相互にはっきり区別しているとはいえ、尊厳の特徴をグラッツィエのうちに受け入れている。彼の観察は一般に正当であり、そこからまとめている最新の規則は本当であるが、それ以上また彼に追従していってはならない。

『批判の原理』第二部、優雅と尊厳

グラツィエと尊厳が結合するとき、われわれは交互に引き付けられ、押し戻される。つまり精神の持ち主としては引き付けられ、感覚的自然の人としては押し戻される。すなわち尊厳においては、感覚的なものを道徳的なものの下に従属させる実例が差し出されていて、この実例に倣うことがわれわれにとって原則であるけれども、同時にこれはわれわれの身体的能力を上回ることである。自然の欲求と、われわれが妥当と認める原則の要求との間の矛盾は、感性を緊張させ、**畏敬**と呼ばれる、尊厳とは不可分の感情を呼び覚ます。

これに反して優雅においては、美一般におけるのと同じく、理性はその要求が感覚において満たされているのを見るばかりか、驚くべきことには理性は現象のなかに理性のあるひとつの理念が迎え入れられているのを見る。この思いがけない自然の偶然と理性の必然との調和が、喜ばしい賛意の感情（**満足**）を呼び起こし、これは感覚を沈静させるが、精神を活気付け忙しく働かせ、必然的に感覚的対象への魅力が生じる。この魅力をわれわれは厚情——**愛**と呼ぶ。これは優雅と美とは不可分の感情である。**魅惑**（愛嬌ではなくて、官能の喜び、スティムラスを言う）においては、感覚に、欲求の解放、すなわち快楽を約束する感覚的素材が差し出される。そこで感覚は自ら感覚的なものとひとつになるべく努め、ここに**欲望**が生じる。これは感覚を緊張させるが、反対に精神を軟弱にする感情である。

畏敬については、それはその対象の**前で頭を下げる**もの、愛については、それはその対象**に身をかがめる**もの、欲望については、それはその対象**めがけて突進する**もの、と言うことができる。畏敬では、対象は理性であり、主観は感覚的本性である。*愛では、対象は感覚的であり、主観は道徳的本性である。欲望では、対象と主観とが共に感覚的である。

＊**畏敬**と**尊敬**を混同してはならない。畏敬は（その純粋な概念では）単に感性的本性の純粋実践理性一般の要求に対する関係だけにかかわり、その実際の遂行については考慮しない。「われわれにとって法則となっているある理念

に到達するために不適合なことの感情を畏敬と呼ぶ」（カント『判断力批判』）。それゆえ畏敬は快適な感情ではなくて、むしろ重苦しい感情である。それは経験意志の純粋意志からの懸隔の感情である。――それゆえまた畏敬はただ**純粋理性**だけにかかわるのに、私が感覚的本性を畏敬の主体としても、決して奇異ではないだろう。なぜなら法則到達への不適合は、ただ感覚性のなかにのみありうるからである。

これに反して尊敬は必ず法則の実際の遂行にかかわっており、しかも法則に対してではなく、法則に従って行為する人格に対して抱く感情である。それゆえ尊敬は、法則の遂行が理性存在を喜ばすに違いないから、なにか楽しませるところがある。畏敬は強制であり、尊敬はもともと自由な感情である。ところが自由な感情は、尊敬の一成分を成している愛情から発している。下劣な者もまた善を畏敬しなければならないが、善を行った者を尊敬するためには、彼はまず下劣な者であることを止めなければならないだろう。

それゆえ愛のみが自由な感情なのであり、なぜかと言えば、その純粋な源が、自由の本拠から、われわれの神々しい本性から、表に湧き出るからである。ここで偉大と高貴とが力くらべをしているのは、狭量と野卑ではなく、また理性法則を幻惑しながら仰ぎ見ているのは感覚ではない。優雅および美のなかに模倣されて、倫理のなかに満足して存在しているのは、**絶対的偉大**自身であり、自分自身の映像と感性界において戯れているのは、立法者自身であり、われわれの内なる**神**である。それゆえ心情は、畏敬にあっては緊張させられているのに、愛にあっては解かれている。なぜなら、絶対的偉大は何も自分以上のものを持たず、またここで唯一制限をする可能性のある感性は優雅と美のなかで精神の理念と合致するので、ここには心情を制限する何ものも存しないからである。愛は下ることであるが、一方、畏敬は登攀《とうはん》である。それゆえ悪人は、多くのものを畏敬するに相違ないとしても、何ものも愛することができない。それゆえ善人は同時に愛をもって包んだものでなければ畏敬することはできない。純粋な精神はただ愛することができるだけで、畏敬することはできない。感覚はただ畏敬しうるだけで、愛することはできない。

罪過を意識した人間が、自分自身の内なる立法者と感覚界において出会うのではないかという永遠の恐れのなかに漂い、また偉大で美しく卓越した一切のもののなかに、自分の敵を認めているとき、美しい魂は、自分の内なる神性が自分の外で模倣されあるいは実現されるのを見る以上に、また感覚界において自分の永遠の友人を抱擁すること以上に、快い幸福を知らない。愛は自然におけるも最も寛容なものであると同時に、最も利己的なものである。前者であるのは、純粋な精神はただ与えるだけで受け取れないので、愛はその対象から何物も受け取らず、逆にそれにすべてを与えるからである。後者であるのは、愛がその対象のなかに求めそして重んずるものはつねに自分自身の自我にほかならないからである。

しかし、愛する人は愛される人から、彼が自ら与えたもののだけしか受け取らないゆえに、彼が愛される人から受け取らなかったものをその人に与えていることがしばしば起こる。外的感覚は内的感覚が単に直観したに過ぎないものを見たと信じ、熱烈な願望が信念となり、そして愛する人自身の豊かさが愛される人の貧困を隠蔽する。それゆえ愛は容易に畏敬や欲望ではめったに出合わない欺瞞にさらされる。内的感覚が外的感覚を昂揚させている間、プラトニック・ラブの祝福された魅力もまた持続するのであり、この愛が不滅の歓喜となるにはただ持続が足りないだけである。しかし内的感覚がその直観を外的感覚にすり替えるのを止めるや否や、外的感覚はその権利を取り戻し、自己に属するもの、**素材**を要求する。天上のヴィーナスが燃え立たせた火は、地上のヴィーナスによって利用され、また自然衝動が、その長い間にわたる放置をそれだけいっそう無制限な支配によって仕返しをすることもまれではない。感覚器官は決して欺かれないから、より高貴な競争者に対して粗野で不遜にもその優越を行使し、感激に責任があるものを自分が保持したのだと大胆にも主張する。

尊厳は愛が情欲とならないように阻止する。優雅は畏敬が恐怖とならないよう防止する。

真の美、真の優雅は、決して情欲を引き起こしてはならない。もしも情欲が混入するならば、対象に尊厳が欠けているか、あるいは観察者に道徳的感情が欠けているかのどちらかであるに違いない。

真の偉大は決して恐怖を喚起してはならない。恐怖の入り来るところでは、必ず、対象に趣味またはグラツィエが欠けているか、あるいは観察者に彼の良心の有利な証拠が欠けているかのどちらかであること確実だろう。

魅力と優雅とグラツィエという言葉は、通常同じような意味として使われている。しかしそうではないし、そうあってはならないのであって、なぜかといえばそれらの表す概念は、異なった名称に値するいくつかの定義が可能であるからだ。

生気を与えるグラツィエと、**気を静める**グラツィエがある。前者は感覚の刺激に近く、そこに生ずる満足が、尊厳によって抑制されなければ、容易に欲求に変わる。これは**魅力**と呼ぶことができよう。弛緩した人間は、内的な力によって自分を動かせず、外部から原料を受け取らなければならない。そして空想力の敏速な行使と、感覚から行動への迅速な推移によって、その人の失われた迅速力を回復するよう努めなければならない。これを彼は、沈滞した彼の想像力の大洋を会話や姿によって揺り動かす、**魅力的な**人との交際によって成し遂げる。

気を静めるグラツィエは、そわそわした動きを鎮めることによって現れるので、尊厳にいっそう近く接している。緊張した人間はこのグラツィエに身を向け、吹きすさぶ心情の嵐もこの安らかに呼吸する胸のもとで静められる。このグラツィエは**優雅**と呼ぶことができよう。魅力には笑いを呼ぶ冗談や嘲笑の棘が好んで結びつき、優雅には同情や愛が結びつく。神経の衰弱したゾーリマンはついにロクセラーネの鎖のなかに憔悴し、それに対してオテロの激した精神はデスデモーナの静かな胸で休息へ身を委ねる。

尊厳にも諸々の段階があり、それが優雅と美に近づくところでは**高貴**となり、それが畏敬に接するところでは**高邁**となる。

最高度の優雅は**魅惑**である。最高度の尊厳は**威厳**である。魅惑にあってはわれわれはいわば自分自身を見失い、対象のなかに流れ込む。自由の最高の悦楽は自由の完全な消失にほとんど等しく、また精神の心酔は感覚的享楽の陶酔にほとんど等しい。威厳はこれに反して、われわれに自分自身を反省するよう強要する指令を突きつける。われわれはまのあたりなる神の前で、眼を地上に落として、われわれの外にある一切のものを忘却し、われわれ自身の現存在の重荷だけを感ずる。

威厳はただ神聖なものだけがもつ。ある人がわれわれに神聖なものを表すことができるならば、その人は威厳なのである。そこでたとえわれわれは膝を屈しないとしても、われわれの精神はその人の前にひれ伏すのである。しかし精神は、崇拝の対象にほんの少しでも**人間の罪過**の痕跡が認められるや否や、直ちに頭を上げる。なぜならば単に**比較的に**偉大なものならば何であっても、われわれの勇気を挫いてはならないからである。

単なる権力は、いかに恐ろしく際限のないものであっても、決して威厳を授けることはできない。権力は単に感性的存在に強い印象を与えるだけなのに、威厳は精神からその自由を必ず奪ってしまう。私に死刑を宣告できる人でも、そのことで私に対して威厳を手に入れるわけではない、私自身があるべきとおりの人でありさえすれば。私が欲するやいなや、その人の私に対する優越は消失する。しかし誰でもその人の人格において純粋な意志を私に表明する人に対しては、私は、もし可能ならば、来世でもなおその人の前に身を伏すであろう。

優雅と尊厳はあまりにも高い価値を有しており、それは虚栄心の持ち主と愚か者にはまねようとする気を起こさせないほどである。しかしそこに達する唯一の道が存在するのであって、それはある心術の表出が優雅と尊厳であるような心術をまねることである。その他の道はすべて**猿まね**であって、それ自体誇張によって直ちにそれと知られることになる。

崇高を装うことから**誇大**が生じ、高貴を装うことから**気取り**が生ずるように、装われた優雅から**嬌飾**が、装われた尊厳から**厳粛**と**荘重**が生ずる。

真正な優雅は**ただ従い**、また意に添うだけであり、これに反してまやかしの優雅は**溶けてなくなる**。真の優雅は単に意識的な動きの器官を**大事にする**だけで、自然の自由を不必要に害するようなことをしない。まやかしの優雅は、意志の道具を正当に使う気がまったくなく、とにかく硬さとぎこちなさに陥らないために、動きの目的をいくらか**犠牲に供する**か、あるいは**回り道をして**それに達しようと努める。**不器用な**踊り手はメヌエットを踊る際に、あたかも水車でも動かさねばならないかのように大きな力を注ぎ、まるでこの場合は幾何学的な正確さをもって踊らなければならないかのように、手や足で鋭角を切るのに対して、**気取った**踊り手は、あたかも床を気遣うかのように、弱弱しく足を滑らせ、たとえその場を越えて一歩も進まないことになろうとも、両手と両足でただ蛇行線だけを描くだろう。女性はとりわけ真の優雅を所有しているが、また同時にいちばんまやかしの優雅の罪を犯す。しかしこれが欲望の釣り道具に使われるときほど、不快感を与えるものはどこにもない。真のグラツィエの微笑みが、そのとき最も不愉快な渋面となり、真の感情が語るときときわめて魅惑的な眼の美しい動きが白黒させる捻じ曲がったものになり、真の言葉では反抗し難い和らいだ調子の声がわざとらしい震え声になり、つまりは女性的魅力をかきたてる音楽全体が幻惑的な化粧術に変わるのだ。

装った優雅を観察する機会が劇場や舞踏会においてあるとすれば、まやかしの尊厳はしばしば大臣の会議室や学者の(特に大学の)研究室において学ぶことができる。真の尊厳は、情動が支配しないよう抑制することで満足し、また自然衝動が無意識的な動きにおいて主人のように振る舞う場合のみそれを制限するとするならば、まやかしの尊厳は、意識的な動きさえも鉄製の王笏をもって支配し、真の尊厳が尊重する道徳的運動を感覚的運動と同様に抑圧し、さらに表情に浮かぶ心を反映する動きの全部を消してしまう。それは単に反抗的な自然に対して厳格であるのみならず、恭順な自然に対しても苛酷であり、またそのばかばかしい偉大を自然の抑圧のなかに、それが不可能ならば自然の隠蔽のなかに求める。あたかも自然と呼んでいるすべてのものに和解できない憎悪を誓っているがごとく、まやかしの尊厳は、人間の四肢の構造全体を隠してしまう長い襞の多い衣服に身体を包み込み、四肢の使用を無用な装飾器具で荷重をかけすぎて制限し、また自然の賜物を人工の駄作と取り換えるために頭髪までも切り取ってしまう。真の尊厳が、決して自然ではなくて、単に粗野な自然のみ恥じ、また自分の感情を抑え、その上自由で開放的である場合、眼のなかに感情が放射し、朗らかにして静謐な精神が雄弁な額の上に留まっている場合、額のしわには**荘重**が折り込まれていて、尊厳は内向的で神秘的となり、表情を俳優のように入念に見張る。その顔面筋肉はすべて緊張し、真に自然な表現はすべて掻き消え、人間全体が封印した手紙のようになる。しかしまやかしの尊厳が、その表情の模擬的演技をきびしく訓練することは、必ずしも不当なことではない。なぜならばその動きは、多分、人が声高に言い表そうとすることよりも多くのことを語るかもしれないからだ、もちろんこのような用心は真の尊厳が必要としないものであるが。真の尊厳は自然を単に支配しようとするだけで、これを隠すことはしないだろう。これに反してまやかしの尊厳にあっては、自然をできるだけ強力に**内部**で支配しようとするのであって、これは**外部で**圧迫されているからである。*

＊それにもかかわらず芸術を利用できる良い意味での**厳粛**がある。それはもったいぶる不遜から生ずるのではなく、心情に重要なあることを**覚悟させ**ようという意図をもっている。より強くより深い印象を引き起こそうとする場合、そして詩人がこの印象から何も消失しないようにしようとする場合、詩人はあらかじめ心情にこの印象を受け取る気持ちを起こさせ、心を散らすすべてのものを遠ざけ、また想像力を期待に満ちた緊張状態に置く。これにはとにかく**厳粛なもの**が非常に巧妙であって、それは、目的を悟らせない多くの手配を積み重ねたり、性急が、急速を求めるときわざと進行を遅らせることなのである。音楽においては厳粛なものは強音の**ゆるやか**で一様な連続によって惹起される。つまり強勢は心情を目覚めさせてから緊張させ、緩徐は満足を遅延させ、そして拍子の単調は、性急な気持ちの持ち主に、まったく曲の終わりを察知させない。

厳粛なものは偉大なものや崇高なものの印象を少なからず支えており、そえゆえ宗教儀式や秘教に用いられると大きな成果がある。鐘や聖歌音楽やパイプオルガンの効果はよく知られている。しかしまた視覚に対しても、**厳粛なもの**、すなわち**恐ろしいもの**と結びついた**華麗**があり、これは葬儀式の際とか、大いなる静寂とゆるやかな拍子が観察されるすべての公的な行進の際にみられる。

訳注

（1）ギリシア神話で、美の女神はアプロディテー（Aphroditē）、優雅の女神グラーツィエたち（グラッツィエン Grazien）はカリテス（Kharites）に該当する。カリテスはアプロディテーのお供として語られているが、これがカリス（Kharis）の複数形なのは、優雅の女神が複数存在するとされているためである（たとえばヘシオドスの『神統記』によれば、カリテスはアグライア、エウプロシュネ、タリアの三人姉妹の女神とされている）。ただしシラーは、単数形のグラツィエ（Grazie）を、普通名詞として優雅の意味で使っており、その場合あえて優雅と訳さず、グラッツィエとしておいた。

（2）クニドスの女神とはアプロディテーのこと。クニドスは、小アジアの南西端、ロドス島の北に突出した半島の岬にあったドーリス民族の植民都市。ここはアプロディテーへの信仰が篤く、その聖域があり、プラクシテレース作の名高いその彫像があった。

（3）ヴェーヌス（Venus）は、ギリシア神話でアプロディテーに当たるローマ神話の女神（ラテン語読みではウェヌス、英語読みではヴィーナス）

（4）魅力の飾り帯は、優雅の飾り帯のこと。魅力と訳したドイツ語の原語 Reiz については、シラーが参照したズルツァーの大著『芸術一般理論』（Johann Georg Sulzer, Allgemeine Theorie der schönen Künste, 4 Bde., 1771–74）――このような表題だが、内容は芸術用語辞典――の Reiz の項目の冒頭に、「この語については、さまざまな最近の芸術論者がグラッツィエの語を用いているので、その意味で取り上げる」とあるので、ここでは優雅の意味で用いているとしてよい。

（5）ユーノ（Juno）はローマ神話のジュノーで、ギリシア神話のヘーラ（Hera）に該当する。ユーピテル（Jupiter）はローマ神話のジュピターで、ギリシア神話のゼウス（Zeus）に該当する。ゼウスはギリシア神話における最高神で、ヘーラはその正妻で最高の女神。イーダはトロイアの近くプリュギアにある山で、ゼウスはこの山上でギリシアを統治していた。ヘーラがアプロディテーから飾り帯を借りるこの話は、ホメーロスの『イーリアス』第十四歌二一〇―二三一に出ている。

（6）オリュンポス山は、ギリシア神話で神々の館があると信じられていた霊峰。マケドニアの北東部とテッサリアとの境界に位置する標高二九一七メートルの山岳。

（7）美の分析論（Analytik des Schönen）と題する論考は書かれていない。

(8) ホーム(Henry Home; Lord Kames, 1696–1782)は、スコットランドの啓蒙思想家で、広範な芸術哲学の大著『批判の原理』(Elements of Criticism, 3 vols, 1762)は一七六二年から一八〇七年の間に八版を重ねた。一七六三年にはマインハルト(J. N. Meinhard)によりドイツ語に翻訳され(Grundsätze der Kritik)、その三版(1790)にシャッツ(G. G. Schatz)が訂正を加えて校訂した。最新版というのは、未見だが、この三版を指すとしてよいだろう。

(9) メンデルスゾーン(Moses Mendelssohn, 1729–1786)は、ドイツのユダヤ人哲学者。その『哲学論集』(Philosophische Schriften, 1761, Verbesserte Auflage, 1771)に収められている論文「感覚についての書簡」(Brief über die Empfindungen, 1755)に、優雅を「本当の動き、あるいは本当の動きのようにみえる動きの美と説明してもおそらく間違いないだろう」といった記述がみられる。

(10) グェルフォー(Guelfo)　ドイツの劇作家、小説家クリンガー(Friedrich Maximilian Klinger, 1752-1831)の戯曲「双生児」(Die Zwillinge, 1776)の主要人物。

(11) 批判の不朽の著者は、『純粋理性批判』(Kritik der reinen Vernunft, 1781)、『実践理性批判』(Kritik der praktischen Vernunft, 1788)、『判断力批判』(Kritik der Urteilskraft, 1790)の著者、カント(Immanuel Kant, 1724–1804)のこと。

(12) 厳格派(Rigoristen)と寛容派(Latitudinarier)という用語は、シラーがカントの著作『単なる理性の限界内の宗教』(Die Religion innerhalb der Grenzen der bloßen Vernunft, 1793)の哲学的宗教論第一編「悪の原理が善の原理と並び住むことについて、あるいは人間本性の内なる根源悪について」から引用している。カントが厳格派と呼ぶのは、人間は道徳的に善であるか悪であるかのどちらかだと考える人で、善でもありうるし悪でもありうると考える人を寛容派と呼んでいる。シラーは、自分は厳格派であり、寛容派にはならないつもりだとしながら、その後の叙述にみられるように、義務(あるいは理性)からの行為と、傾向(あるいは感性、自然衝動)からの行為は、対立すべきものではなく結合すべきものだと主張し、カントの人間本性の捉え方を批判している。なおシラー編集『新タリーア』第三部、一七九三年第二分冊、に発表された本論文を読んだカントは、翌一七九四年に発行された前掲書第二版の第一編中の「厳格派風の決定法」(Herausgegeben von Ernst Cassirer; Immanuel Kants Werke, Bd. VI, Berlin, 1925. S. 161)に注を付け、シラーの批判に対し反論を行っている。この反論を読んだシラーは、友人ケルナー(Cristian Gottfried Körner, 1756–1831)宛一七九四年五月十八日付け書簡で、「(…)カントは私の優雅と尊厳に関する論文を取り上げ、そこに含まれている批判に対して弁明している。彼は私の論文について丁重に語っており、それを名人の手になる産物と呼んでいる。この論文が彼の手に落ち、これが彼の上にこのように作用したことがどれほどうれしいことか、あなたに言葉でそれを表すことはできない(…)」と述べている。(NA 27 Bd. S. 1)またカント宛一七九四年六月十三日付け書簡でシラーは次のように謝意を表明している。「(…)私はこの機会に、あなたに、最も尊敬されてしかるべき方に、私の小さな論文へ注目され評価していただいたことに対して、また私の疑念を正して下さったご親切に対して、お礼を申し上げずにはいられません。(…)あなたが私の書いた心情を誤解しなかったことはあなたの注から分かり、これは限りのない喜びですし、これは別の場合に間違った解釈を受けた私を慰めるのに十分です。(…)」(Na. 27 Bd. An Kant S. 12–13.)

(13) ドラコン(Drakon)　紀元前六二一年に、慣習法に代わって成文法を公布したアテナイの立法者。過酷な処罰で有名であった。

(14) ソロン(Solon, ca. 640–ca. 560BC)　ギリシアの政治家・詩人で、アテナイの最も重要な改革家。ドラコンの法令を破棄して、人情味のある司法典を発布した。

(15) 家の子　新約聖書、ヨハネの福音書8・34ほか、に出てくる言葉だが、ここではしっかりまとまった家族の息子という意味で使われているとしてよい。

(16) 批判哲学の著者とはカントのことであり、『理性の限界内における啓示』は、一七九三年に刊行された時には『単なる理性の限界内の宗教』というタイトルになっていた。シラーは、一七九三年二月二十八日付けケルナー宛書簡で、「私はここ二・三週間カントの新しい著作にびっくりさせられていますが、これはあなたを大いに驚かすでしょう。その著作はここで印刷されており、私は出来上がった半分を通読しました。タイトルは『哲学的宗教論』で、内容は、あなたは信じられないと思いますが、哲学的基本からのキリスト教概念のきわめて洞察力に富んだ釈義です。(…)ところで私はこの著書に魅了され、残りの印刷用紙が待ちきれないでいます。たしかにそこに含まれている彼の原則の第一は、私にとって、多分あなたにとっても、腹立たしい気持ちにするものです。つまり彼は人間の心の悪への傾向を主張しており、これを彼は根源悪と名づけ、感性の魅力作用ではまったく取り違えられないものと主張しています。(…)」と書き送っている(NA. Bd. 26, S. 219)。すなわちカントの前掲書は、シラーの住んでいたイェーナで印刷されており、どのようなつてで手にしたのか不明だが、出版前の印刷の段階で読んでいて、タイトルは二転三転したことが分かる。なおカントの前掲書がイェーナで印刷されたのは、北原武司によれば検閲逃れのためであった（カント全集10『たんなる理性の限界内の宗教』岩波書店、二〇〇〇年、四二〇頁以下参照）。

（17）美しい魂（schöne Seele）　この用語は直接的には十六世紀スペインのalma bellaからフランスのbelle âmeを経てドイツには啓蒙時代の代表的詩人ヴィーラント（Christoph Martin Wieland, 1733–1813）によってもたらされたが、さかのぼれば古代ギリシアにみられ、ギリシア人の美醜を善悪とする感覚から教育目標としてカロカガティア（kalokagathia 美にして善、美善）の理念と結びつき、美しい魂は道徳的に善良な魂であるという伝統が受け継がれてきたとしてよい。それを踏まえてシラーはここでその意味を明確にしているのである。

（18）ティツィアーノ（Tiziano Vecellio, 1488/90?–1576）　イタリア・ルネサンス期の画家。ヴェネツィア派最大の巨匠。色彩の魔術師といわれるように、その絵画は華麗な色彩表現を特色とし、描線は見られない。

（19）ストア学派の人（Stoiker）　ストア学派はキプロスのゼノン（Zēnōn, 335–263BC）が前三世紀初頭にアテナイのストア・ポイキレー（壁画で有名な講堂）で開いた哲学派で、その派の人とは克己禁欲主義者のこと。

（20）ラインホルト書簡　ラインホルト（Karl Leonhard Reinhold, 1758–1823）はイェーナ大学教授で、カント哲学の信奉者・擁護者。ラインホルト書簡とは『カント哲学についての書簡』（Briefe über die Kantische Philosophie, 2 Bde., 1790–92）のことで、利己的衝動と非利己的衝動を区別し、意志を利己的衝動の願望あるいは要求ないし不満足を決定する能力と定義している。

（21）タリーア（Thalia）はシラーが編集していた文芸雑誌で、『タリーア』三（『新タリーア』第三部、一七九三年第三分冊）に掲載された「激情的なものについて」（Über das Pathetische）のこと。

（22）パトス（πάθος）　ギリシア語で愛憎などの情動を意味するが、シラーは「激情」の意味で使っている。

（23）エートス（ἦθος）　ギリシア語で性格、習慣を意味するが、シラーは「振る舞い」の意味で使っている。

（24）ニオベー（Niobē）　ギリシア神話でタンタロスの娘。テーバイ王アンフィーオーンとの間に七男七女に恵まれたが、二人しか子供のいない女神レートーに対して子宝を誇ったため、アポローンとアルテミスの矢によって子供たちを射殺された。

(25) ベルヴェデーレのアポロ　ヴァチカーノ宮殿のベルヴェデーレにある大理石のアポローン像。アポローン（Apollon）はギリシア神話でゼウスとレートー（Leto）の間にできた息子で、太陽神。この像はアテナイ出身の影刻家レオカレース（Leochares）が紀元前四世紀半ばに制作した青銅像のローマ時代の模作と見なされており、ネロー帝（Lucius Domitius Nero, 37–68 ローマ皇帝在位 54–68）の別荘から発見された。左手に弓矢、右手に月桂樹の枝を持っていたと推定される。

(26) ボルゲーゼ家の翼のある守護神　イタリアの優れた美術品を収集した枢機卿シピオーネ・ボルゲーゼ（Scipione Borghese, 1576–1633）の邸宅は、ローマ市内のボルゲーゼ公園内にあり、一九〇二年国が買い上げ、現在は国立ボルゲーゼ美術館（Galleria Borghese）として一般公開されている。

(27) バルベリーニ宮殿のミューズ　バルベリーニ家（Famiglia Barberini）はイタリアの名門で、一五二〇年にフィレンツェからローマへ移住し、マッフェオ・バルベリーニ（Maffeo Barberini, 1568–1644）は教皇ウルバヌス八世（Urbanus VIII 在位 1623–41）となり、当時最も有力な芸術保護者として、バロック芸術の発展に貢献した。ローマ市内にあるその宮殿はバロック建築の傑作で、一九四九年国が買い上げ、現在は国立古典絵画館として公開されている。なおミューズはギリシア神話ではムーサ（mousa、普通には複数ムーサイ mousai が使われる）で、詩歌、音楽、舞踊などを司る女神である。

(28) ヴィンケルマン（Johann Joachim Winckelmann, 1717–68）　ドイツの美術考古学者。ドレスデンで古代彫刻に接して興味を抱き、一七五五年にローマに移り住み、古代美術を研究した。

(29) 『美術史』　ヴィンケルマンの主著で、詳しくは『古代美術史』（Geschichte der Kunst des Altertums）として一七六四年にドレスデンで刊行された著書。古代エジプト人をはじめ多くの民族の美術が取り上げられているが、中心となっているのはギリシア人の美術で、それまでの美術家の歴史としてではなく、「古い様式」「高貴な様式」「美しい様式」「模倣の様式」と四様式の展開として捉えて記述した画期的な美術史研究書である。なお著者没後の一七七六年にヴィーンでオーストリア・ハンガリー帝国美術アカデミーによる増補版が出版されており、シラーが参照したのはこの増補版である。

(30) レウコテアー（Leukothea）　ギリシア神話で、よく晴れた静かな海の女神で、イーノー（Ino）の別名とみられている。ホメーロス『オデュッセイア』第五話三三四。

(31)

ラオコーン(Laokoon)　トロイアの神官。トロイア戦争の末期、ギリシア軍の木馬の計略を知ったラオコーンは二人の息子と共に、ギリシア軍に味方する神々の遣わした二匹の大蛇に襲われ絞め殺されてしまった。ラオコーンの死に瀕する情景を表現した紀元前四十年から二十年頃三人のロドス人彫刻家によって制作された大理石彫刻が、一五〇六年ローマのオッピオ丘で発見され、大きな話題となった。現在はヴァチカーノ博物館が所蔵している。高さ一八四センチメートル。

訳者解説

一、はじめに

シラーがどうして美学の論文を書くようになったのか、最初に少し説明しておきましょう。もともとシラーは劇作家として舞台上での俳優の所作や動きなど演技の美に関心を抱いてきていましたが、美学に関心を抱くようになったのは、病床にあったシラーが、一七九一年三月に、その前年に刊行されたカントの『判断力批判』(1)を読み始めたことにありました。シラーはドレスデンにいる友人のケルナー(2)に、『純粋理性批判』は難し過ぎますが、「美学については自分でかなり考えてきたし、経験的に精通しているので、容易に読み進められます」と書き送っています。哲学書を読み思索することが好きだったシラーは、この本に魅了されてしまったようです。しかしその後シラーは五月に病気が再発し、長期の療養生活を余儀なくされ、研究どころではなくなりました。しかもその医療費がかさみ、生活は困窮をきわめました。ところが天の助けか、年末にデンマークのアウグステンブルク公子(3)から、病気が治るまで働かなくてよいよう三年間毎年千ターラーの年金を贈る申し出がありました。シラーの喜びがいかほどのものであったか、察するに余りあるものがあります。つまり実際に美学の研究ができるようになったのは、アウグステンブルク公子の経済的援助のおかげといってよいでしょう。翌一七九二年、手始めに二編の演劇論を執筆した後、十月の冬学期から美学の講義(4)を始め(シラーは当時イェーナ大学の員外教授で、歴史学を担当していました)、早くもその年の十二月二十一日付けケルナー宛の書簡で、美の客観的概念を見出したと思うので、「私は『カリアス、あるいは美について』と題する一編の対話を来る復活祭に出版したいと思います」と書き送っています。

この書簡から約一ヵ月後、シラーはこの書物を執筆する準備として自己の思索の内容をケルナーに書き送り始め、ケルナーもそれに対して批判的な返事をすることから、両者の間に長文の哲学的書簡の往復が約一ヶ月間続きます。しかし結局、シラーの予定した書物は出版されませんでした。しかしシラーの没後この往復書簡は『カリアス書簡』(5)として出版され、シラーの初期の美学思想を知る上で重要な書簡となりました。翻訳した論文と関係するところがありますので、この書簡の内容について若干紹介しておきます。

二、カリアス書簡

最初の一七九三年一月二十五日付けの書簡で、シラーは、カントが目的の概念に従う美は純粋な美ではなく、「したがってアラビア模様とかそれに類したものは、それが美として見る限り、最高の人間の美よりも純粋であると主張しています」が、これは私には「まさに美の概念をまったく捉え損なっているように思えます」と述べています。ここにはドイツ哲学界の重鎮カントの美論に納得がいかず、ならば勉強して自分なりの美論を見出してみよう、というシラーの覇気を感じることができましょう。そして実際に次の二月八日付けの書簡で美の本質が分かった、として、それを伝えているわけです。シラーは美の概念を経験によらず理性の推論によって、すなわち演繹によって導き出していまず。演繹とは、個々の特殊な事実から一般的原理を導き出す帰納とは反対に、一定の命題から、経験によらないで、もっぱら論理的に必然的な原理を導き出す思考の手続きです。シラーは自然に対するわれわれのかかわり方は、受動的か、能動的か、受動的であると同時に能動的である、というところから演繹を始めています。その演繹の過程をここでたどることは省略しますが、最終的に「現象における自由(Freiheit in der Ercheinung)」という美の概念を導出しました。シラーが生涯を通して大事にしていたのが自由(と友情)でしたから、美の概念が自由のそれと結びついたこの定義にシラーは会心の笑みを浮かべたことでしょう。その思索の道程を追ってみて私はシラーの並々ならぬ哲学的思考の力量に心底驚きました。それはともあれ美の概念の演繹が行われているために、一連のカリアス書簡のなかでこの二月八日付けの書簡が最も重要な書簡となっています。そのためだと思われますがシラーは翌日、二月九日に、アウグステンブルク公子宛に長文の書簡を書き、そのなかで私の「美の哲学に関する私の諸観念(Ideen)」を公表する前に、それを貴殿宛の一連の書簡に書いてお知らせしたい、と記しています。シラーにしてみればこれはこの研究を可能にした恩人に対する当然の礼儀であったわけです。そして実際にだいぶ間が空くのですが、その年の七月に一通、十一月に二通、十二月に二通、長編の書簡を送っています。そしてこれらの書簡をベースにして書き加えられ成立したのが、美学の主論文『人間の美的教育について、一連の書簡』(6)で、一七九五年、彼自身が創刊した文芸雑誌『ホーレン』に掲載公表されました。ついでながら二月八日付けの書簡で展開された美の概念の演繹の過程に、ドイツ観念論(7)の哲学潮流の嚆矢をかいま見ることができましょう。

さて先の書簡を受け取ったケルナーは、二月十五日付けの書簡で、自由は道徳的な概念だから美を道徳から演繹することになるのではないかといった疑問点などを挙げると、すぐさまシラーは二月十八日付けの書簡で長々とそれに対する反論を繰り広げています。いまここでの両者の難解なやり取りを簡単に整理して述べることは差し控え、「現象における自由」が「人間の美」の概念であり、人間の精神の自由は現象しませんから、自由が、人間の行為の自由にほかならないことを確認しておきます。すなわち他から、あるいは外からの原理で動いている行為ではなく、自分自身の自由な原理で動いている行為の美です。これについてはこの書簡の終わりの方で、理性の推論によって導出したこの美の概念が真であることは、道徳美の概念で経験的に示されるものによって証明されますとして、追剥に襲われて裸にされ厳寒の路上に倒れている男が、通りがかりの旅人に助けを求めた五つのケースを述べた寓話を創作しています。いま簡単にその骨子だけを記しますと、ある旅人は、

一、助けを求めると、お金をあげるから後から来る人に助けてもらいなさいと言った、
二、助けを求めると、お金をくれれば助けてあげようと言った、

三、助けを求めると、人間としての義務が助けるべしと命ずる、と言い助けようとした、
四、復讐をすべく追ってきた男であるのだが、復讐せずに助けようとした、
五、助けを求めないのに、自分の荷物を放り出して助けようとした。

このように旅人の相異なる五つの行為はみな助けようとした行為なのですが、シラーは五番目の旅人の行為だけが美しいとし、なぜなのか考えておいてほしいと述べてこの書簡を終えています。ところがケルナーに考える猶予を与えず、翌十九日付けの書簡で回答を書き送っています。すなわち五番目の旅人の行為が美しいのは、求められないのに思い惑うことなく自分のなすべき義務をあたかも本能的行為のように果たしたからだとしています。つまり道徳的行為はおのずと生ずる自然の作用のように見えるとき初めて美的行為となるのであり、この道徳美こそ人間の性格の完全性にほかならない、と言うのです。ここで注目すべきは三番目の普通に言うところの道徳的行為は意志の自律の所産であり、現象においては他律として現れるので苦痛を与え美しくないとしていることです。

この後カリアス書簡は二月二十三日付け、二十八日付けと続くのですが、いずれも長文の書簡で、論文といった方がよいものです。実際、二十三日付けの書簡には、「I 現象における自由は美と同一である」という表題が付けられてあり、二十八日付けの書簡には翌三月一日付けの「I 芸術の美」と題する論考が同封されていました。そしてこの両書簡で説かれていることは、行為の美の概念の拡大あるいは変換です。確かに私どもの世界

には行為の美ばかりではなく、事物の美も存在します。「現象における自由」という美の概念を事物にも適用できるように拡大あるいは変換することがここでの課題です。そこで結論だけ記しますと、「技術性における自然」という第二の美の規定が提示され、さらに芸術の美が解明されます。そして最後に「続きは次の郵便日に」と書かれて終わっています。

しかしこの続きは、結局、書かれませんでした。往復書簡を再開したいとたびたび伝えながら、他の仕事やら病気のために続けられなかったのです。そうこうするうち五月二十七日付けの書簡で、『タリーア』は行き詰ってはいけませんし、協力者からまったく後援されていません。そのため私はここ数日来、二つの論文に従事しています。ひとつは優雅と尊厳を扱い、他は激情表現についてです。両論文ともあなたの興味をひくと思います」と述べ、実際に六月中旬に発行された『新タリーア』第三部第三分冊には「優雅と尊厳について」が掲載され、別にライプツィヒの書肆ゲッシェンから小冊子として百五十部発行されました。この小冊子を同封した六月二十日付けの書簡で、「私はこの論文を六週間足らずで書きました。私が勤勉かどうか、病気にしては十分勤勉かどうか、判断して下さい」と述べています。なおまた「これは私の美論の先駆けと見なして下さい」とも述べています。

三、優雅と尊厳

さてそこで「優雅と尊厳について」ですが、この表題の対概念はさかのぼると古代の修辞学にみられるようです。すなわちキケロ（Marucus Tullius Cicero, 106–43BC）やクインティリアヌス（Marucus Fabius Quintilianus, ca. 35–ca.100）の優雅（venustas）と尊厳（gravitas）です。シラーがこの概念を参考にしたことは考えられますが、この論文の構成をみますと、論文の表題が示された後に、「優雅」の題なしに、いきなりギリシア神話の美の女神と優雅の女神から話を始め、分量で三分の二ほど進んだところで、「尊厳」の題が付けられて、それが「優雅が美しい魂の表出であるように、尊厳は崇高な志操の表出である」という一文で始められています。これは、最初は優雅のみ論ずるつもりで始めたのですが、分量が足りないので、後から尊厳論を付け加えたのではないかと推察されます。またこの論文構成は、カントの『判断力批判』第一部第一篇、「感性的判断力の分析論」の第一章、「美の分析論」と、分量では約半分の第二章、「崇高の分析論」の構成を思い出させられます。すなわち美論と言ってよい魂の表出である優雅論が終わったところで、カントに倣って分量の上で約半分の崇高論と言ってよい尊厳論を付け加えたとも推察されます。

それはともあれシラーは、ギリシア神話では、ヴェーヌスとグラーツィエたち、すなわち美の女神と優雅の女神たちを区別していて、ユーノーがユーピテルを誘惑する際には、ヴェーヌスから飾り帯を借りなければならなかった、と書き出しています。このようにギリシア神話を取り上げて始めているのは、ヴィンケルマンの『古代美術史』を参考にしていたためと思われます。実際にヴィンケルマンは、「高貴な様式」から「美しい様式」を分かつ最も顕著な特徴は優雅であるとし、「優雅の女神グラーツィエは、何気ない仕草の中に隠れ住み、身体の動きや行為に現れる」(8)と述べているからです。もっともヴィンケルマンの説明では、グラーツィエが何であるか、必ずしも明確ではありません。シラーの場合は、美は主体自体に必然的に与えられる固定美であるのに対して、優雅は主体においてたまたま成立し、また失われる動きの美である、と明確です。ここで「動き」は、現実には場合によって行為、行動、運動、遊戯、舞踊、立ち居振る舞い、などと呼ばれる動きを総括する概念ですが、どのような動きにおいても優雅が成立するわけではありません。

ギリシア神話によれば、優雅は偶然的な動きの美であり、人間にのみ可能な美なのです。つまり意志による動きだけが優雅となりうるのです。言い換えれば優雅が生ずるところは、魂が身体の動きの原理となっているのです。

ただそれについて詳しく説明する前に、シラーは固定した美について論じています。すなわち自然によって必然性の原則に従い形成されたこの美を、構造の美(構築美)と名づけ、これは人体を構成する諸部分の諸目的を考慮せずに、単に現象としてのみ感覚でとらえたものにほかならないというのです。そしてこの美の代表として厳密な釣合いの取れた必然性の作品、ヴェーヌスを挙げています。そこで構築美についての説明をたどってみましょう。

この構築美は技術的完全性とは区別されます。技術的完全性は諸目的の体系そのものですが、構築美は諸目的の単に表現に固有の性質であり、現象に直接かつ固有に属するものです。

そこで人間の道徳的使命や人間性は感覚ではなくて知力で判定されるものですから、それが構築美の判定に寄与することもないのです。構造の美を判定するのは感覚だけなのです。

すなわち美は感性界において発生し、感性的認識能力にのみ向けられるので、理性に対しては何の利害もないかのようにみえます。しかし美が理性を楽しますことは明白です。この説明のためには現象が理性の対象となる方式、さらに理念を表現できる方式が二通りあることを思い出す必要があります。すなわち第一の場合は理念が対象に客観的必然的に結び付けられている完全性であり、第二の場合は理念が対象に主観的必然的に結び付けられている美であります。

ところでこの第二の場合、感性的対象の表象を理念と結合する理性が存在するか否かは偶然なので、美は客観的に感性世界の単なる効果と説明できます。しかし他方で理性はこの感性世界の単なる効果により高い意義を与えることによって美を主観的に理知の世界に移すことも正当です。つまり美は感性的自然のなかでその存在を受け入れられ、理性世界のなかで市民権を獲得すると言えるのです。ここからどうして美の判断能力としての趣味が、本来、はねつけあう精神と感性を幸福な和合へと結びつけるのか、どのような方法で趣味は直観を理念まで高め、感性世界をある程度まで自由の国へと変えるのかが明らかとなります。

さて人間の構築美は理性概念の感性的表出なのですが、これはあらゆる自然の美しい形成と種類の点からは同じなのです。しかし程度の点からみればいっそう美しい形成となるのは、人間の構造の立法者としての理性が、その法則の遂行者としての自然に示した恩恵と見なせます。

そして人間の構築美においては、自然の必然性が、自然の必然性を規定している目的論に根拠のある必然性によって支えられているのです。つまり人間の構築美においては、自然が、すでに最初の設計の際に、人間がその目的を実現するために必要とする一切のものの遂行を、創造的知力から委任されているのです。

しかし人間は同時にひとつの人格ですから、人間の現象の方式は、人間の感情と意欲の方式に、つまり人間が自分自身で自由のなかで規定する状態に依存しています。つまり自然は支配を自由と分け合っていて、自然の法則は存続していますが、事情について決定をするのは精神なのです。

精神の領域は有機的生命のすべての組織・器官に広がっています。そこで自然の美は必然性の法則によって規定されるような現象の美に限られ、精神が器官の使用にかかわるような美については、自然は何も関与できないのです。

こうして人間のなかの自由原理は、現象の遊動を規定することを引き受け、また自然に介入することにより、自然の権利と共にその義務の一部を引き継ぐのです。精神は、自分に従属する感性を自分の運命のなかに巻き込み、これを自分の状態に依存させることにより、ある程度までみずからが現象となるのです。美を現象の義務と呼ぶのは、主体において美に対応する欲求は理性自身のうちに基礎付けられているからであり、従前の義務と呼ぶのは知性がその仕事を始める前にすでに感性が判断を下しているためです。

こうしていまや自然が構造の美を与え、魂が遊動の美を与えることを知りました。すなわち構造の美は自然が与えたものであり、天賦のものであるのに対して、優雅は自由の支配している形態の美であり、人格の規定する現象の美にほかならないのです。

以上が一二八頁下段七行目から一三六頁下段三行目までの構築美に関する説明の概略です。構築美(構造美)はまたヴェーヌスの美、あるいはプロポーションのとれた人体の美にほかなりませんが、シラーはこの美の説明に苦心しているように思われます。それはここで、シラーがはっきりそれと述べているわけではありませんが、カントの美の分析論に対して異議申し立てをしているためでしょう。カントは「趣味判断は感性的(ästhetisch)である」として、知力をもって対象を認識する認識判断とはまったく別であるとしていました。趣味とは美の判定の能力のことですが、シラーは、自然の合目的な形成物である人体構造美の判定には、人間の感性だけではなく理性もかかわるということを主張しているのです。一言で言えば現象も理性の対象となりうるし、美は感覚的な満足をもたらすだけでなく理性も楽しむというのです。しかし感覚の捉える対象が現象でありますから、理性の対象が現象であるとは何を意味するのか、理性も楽しむとはどういうことをいうのか、シラーの文章は現実の事象を念頭に置くと意味の通らないところ、分からないところが多々あります。しかしながら現実と引き合わせずに言葉どおりに受け取っていけば、何とはなしに説得されてしまうのではないでしょうか。これは哲学者シラーの文章に、詩人・劇作者シラーの文章が程よく混じっているからだと思われます。演劇におけるせりふには、論理を超えてひたすら観衆の心情に訴えるものがあることは言うまでもありません。

そこでいよいよ優雅についての考察に入ります。優雅は身体の動きの美ですが、前に述べましたようにどのような動きでも優雅になるわけではありません。

人格は自分の意志により身体を動かしますが（意志による動き）、また意志によらないで、ある種の感情（道徳的感情）を誘因として身体を動かします（共感的動き）。このように理論上は意志による動きと、意志によらない動きを分けることができるのですが、現実には必ずしも両者を分けられるとは限りません。意志による動きでありながら、ある感情状態によって規定されて意志による動きとは見えないときに、優雅が成立すると言うのです。すなわち優雅は意志による動きを要求するのですが、他方ではあらゆる意志によるものを締め出し、意志による動きではないように見えなければならないのです。

ところである人は、技能と修練によって、優雅な動きができるようになるかもしれません。この模倣された優雅、あるいは習得された優雅の、真正な優雅との関係は、化粧美と構築美との関係に近く、本物の優雅でないことが分かったときには軽蔑しないではいられないというのです。

次に物語的（身振り的）な動きについて説明されています。これは広義では動植物の形姿も物語的ですが、狭義には人間の形姿だけが、人格として必然性の連鎖を自分の意志で突破できるから、物語的であるとしています。なおまた物語相貌から無言的相貌を区別しなければならない、としています。そしてその終わりのところでは、構築美は自然の産物だから開花、成熟、凋落の周期をもつとし、注をつけてその様相を述べ、天才も自然の産物なので、同じようなことが起こるとしています。

本文に戻って、われわれ人間は自然の所産、すなわち被造物であるが、人間の状態をみずから創る創造者でもあり、他者の理性の光を反射するだけでなく、自分自身の光で輝くべきであると、主張しています。

また人間は知覚の対象であるから、道徳的感情が満足を見出す場合には、美的感情が制限を受けてはならないわけです。また道徳的に物語る原因は、感性界を超越する道徳的原因をもたねばならず、他方で美は、感性的原因以外の原因を持たないので、両者の結合には矛盾がはらむことになります。

これをシラーはある君主国の統治の比喩を用いて説明しています。すなわちある君主国において、すべてが君主一人の意志により行われながら、国民は自分自身の考えで生活していると思っているような統治が行われている場合、君主が自分の意志を国民の性向に反して行使して統治している場合、国民がその性向を君主の意志に反して行使する場合（この場合は統治とはいえない）の三通りの場合を、君主を精神、国民を感覚、あるいは君主を意志、国民を自然、さらには君主を理性、国民を感性、と見なして以下の文章を読むならば、いくらか理解しやすくなるのではないでしょうか。

その結論といってよいのが、「理性と感性との——義務と傾向との——調和している心情の状態」が、遊戯の美、つまり優雅の生ずる条件である、というところにあることは言うまでもありません。

そこから後の部分はしばらくカントの人間観に対する批判です。すなわちシラーがこの論文を執筆する直前の一七九三年の復活祭に刊行された『単なる理性の限界内の宗教』を読んで、不可解と考えたことを、婉曲に、しかし鋭く批判しています。カントが、人間は理性的存在であり、道徳的には善か悪かのどちらかであって、善でもありうるし悪でもありうるとは考えないのに対して、シラーは、自然は人間を理性的にして感性的な存在に作ったので、この両存在が対立するのではなく、統一された、あるいは合致した状態が人間の本性であると主張します。そしてこの合致が「美しい魂」にほかならず、美しい魂にあっては、個々の行為が道徳的なのではなく、性格全体が道徳的なのだとします。美しい魂においてはそれゆえに、理性と感性、義務と傾向が調和していて、優雅は現象におけるその表出なのです(9)。そして、美しい魂から発する動きを描写し、優雅が男よりも女の動きに見出されるとして終わっています。

四、尊厳論

ついで「尊厳」の表題のもとにその説明に移り、冒頭「優雅が美しい魂の表出であるように、尊厳は崇高[(10)]な志操の表出である」という定義が出されています。人間は理性と感性の調和した人間性全体で行為しなければならないのですが、これは理念であってそれへの努力が達成されることはないのです。そのわけは人間存在そのものが物理的に制約されていて、自然の必然性に従わざるを得ないのです。すなわち自然衝動が感覚能力に強制的に働きかけてくるので、この点で人間は動物と変わらないというのです。しかし動物にあっては自然衝動に続いて必然的な行為が起こるのですが、人間には自然の法則にも理性の法則にも支配されない超感性的能力としての意志があり、単なる意志だけで人間を獣性から高め、道徳意志は人間を神性へと高めるというのです。ここで注意すべきことは、意志は自然力としては自然と理性のどちらの味方をしてもいけないのですが、道徳力としての意志は理性の法則に従う義務を負っているというのです。そこで自然衝動が道徳法則にそむく行為を要求して、自然の立法と理性の立法が衝突するような場合は、理性の判定を優先し自然の要求を後回しにすることだとしています。

しかし自然の要求は人間存在の必然性に発するためにきわめて強固であり、その充足を意志に迫ってきます。意志は道徳的に行動するために自然の要求を受諾する前に、理性に問い合わせなければなりません。ところがしばしば激情の盲目力が意志に襲いかかり、理性に発言のいとまを与えないことがあります。もともと理性に問い合わせることが自然の侵害になるからです。したがって激情においては理性の法則との一致は自然の要求に対する反論以外の方法では不可能ですが、自然はその要求を決して撤回しませんん。そこでここでは傾向と義務、感性と理性の間にいかなる調和も不可能なので、調和的本性で行為できません。そのため人間はもっぱらその理性的本性をもってのみ行為するしかありません。それゆえその行為は道徳的に美しいのではなく、道徳的に偉大なのです。

そのため美しい魂は激情においては崇高な魂に変わらなければなりません。そこで「道徳的な力による衝動の支配が精神の自由であり、尊厳とは現象におけるその表出をいうのである」と述べています。

さて興奮した自然衝動、すなわち生存衝動が生み出す激情は動きを伴いますが、これは意志命令に先立つ動きであり、それにも感覚から直接発する動きと、意識的な動きの二種があって、前者は激情と直接結びついた無意識的な動き、後者は自由から勝ち取った動きで偶然的で変わりやすく激情の確実な標識とは見なせない、としています。

そして自然衝動の凶暴な力に対して意志がその特権を主張するとき、それが道徳力の表出なのであり、苦悩における平静には尊厳が存在し、道徳的自由の表出となる、としています。

そこから後の部分は、優雅と尊厳の相違点やそれぞれの特徴などが随想的に列挙されています。その主なものを摘出しておきましょう。

優雅は意識的な動きの自由のなかにあり、尊厳は無意識的な動きの支配下にある。

尊厳はより多く苦難（パトス）において、優雅はより多く振る舞い（エートス）において、要求され、また表明されるであろう。

一般に人々が徳について要求するものは、元来、尊厳ではなくて優雅である。尊厳は、徳の内容が衝動に対する人間の支配を前提しているので、自ずから徳に従っている。われわれは徳に対して優雅を要求するように、傾向に対しては尊厳を要求する。

愛する者はその情熱の対象に尊厳を要求する。

人は義務を負わせる者には優雅を要求し、また義務を負わせられている者には尊厳を要求する。

人は、ある過失を非難するときは優雅をもってし、それを告白するときは尊厳をもってしなければならない。

強者が愛される者でありたいと望むならば、優雅によってその優越性を緩和するのがよい。弱者が尊敬される者でありたいと望むならば、尊厳によってその力の無さを助け起こすのがよい。

尊厳と優雅は共に自己を表す相異なる領域を持っているので、それらは相互に同一人格において、否、ある人格の同一状態においてさえ、互いに締め出すことはない。

優雅と尊厳が、前者はなお構築美によって、後者は力によって支持されて、同一人物に合一されると、人間性の表出はその人物において完結し、そしてその人物は精神界においては正義に満ち、現象界においては自由に解放されて、そこに立つのである。

グラツィエと尊厳が結合するとき、われわれは交互に引き付けられ、押し戻される。

さてシラーは優雅論の最後の箇所で、優雅な動きは男よりも女に見出されるとしていました。そこからすると尊厳な動きは女よりも男に見出されるとしてもよさそうですが、そのような文言は見当たりません。しかし先に挙げたフレーズで「愛する者はその情熱の対象に尊厳を要求する」などでは、尊厳を男と解せると思われます。けれども最後のフレーズで、優雅と尊厳が同一人物に合一される場合には人間性の表出が完結するとありますが、この人物は今から二百年以上前の時代背景を考えれば男だと思われます。しかしその後にこの人間美の理想にむかって古代人が造形した彫像が四例挙げられており、そのうちニオベーとミューズは女神です。そこからすれば優雅と尊厳の合一した人物は男でもあるし女でもあり得るとしなければならないでしょう。実際、古代ギリシア人の社会は、近代キリスト教下の男尊女卑の社会と異なり、男女間にそのような差別がなかったことは、例えばプラトンが『饗宴』(11)のなかでその中核となる思想をディオテイマという女性に語らせていることや、アリストパネースの『女の平和』などに見て取ることができましょう。シラーは、美学の主論文『人間の美的教育について、一連の書簡』の第六書簡に書いているように、古代ギリシア人の社会を理想の社会として賛美し、近代社会を個人主義が広がり知識はあっても実行する勇気に欠けた堕落した社会と見ていました。

さて最後の部分では、尊厳および優雅に近似した概念、あるいは関連する概念の説明が行われています。それは論文調というよりはエッセイ風の文体で綴られていて、演劇作家ならではの言葉遣いについての考察と言ってよいでしょう。すなわち尊厳は畏敬の感情を呼び起こすとしますが、脚注で畏敬と尊敬を混同してはならないと注意しています。また尊厳には様々な段階があり、それが優雅と美に近づくところでは高貴となり、畏敬と接するところでは高邁となり、最高度の尊厳は威厳であるとしています。また真の尊厳とまやかしの尊厳の区別を具体的に述べています。他方で優雅についてはまず感覚的対象への魅力が生じ、この感情は愛と呼ばれています。愛は自由な感情であり、その対象から何も受け取らず、逆にすべてを与えるので最も寛容なものですが、その対象のなかに求めるものはつねに自分自身の自我にほかならないので最も利己的なものだとしています。また真の優雅は情欲を引き起こしてはならず、情欲が入り込むのは、対象に尊厳が欠けているか、見る側に道徳的感情が欠けているかのどちらかですとしています。さらに最高度の優雅は魅惑であるとしています。なお魅力と優雅とグラツィエという言葉は、通常同じような意味として使われているけれども、そうあってはならない、と述べ、すぐ「生気を与える」グラツィエが魅力で、「気を静める」グラツィエが優雅であるとしています。ということは括弧を付けた形容句が無ければ、前掲の三語は同じ意味になるのではないでしょうか。このような不可解な記述もみえますが、それはそれとして私の要約はほんの粗筋を紹介しただけなので、読者諸賢にはシラーの本文に当たられるよう願っています。

五、美学史の観点から

最後に簡単に美学史の文脈の中に本論文を位置づけてみましょう。古代ギリシアでは美の女神アプロディテーが活躍していて、美の具体的対象は神あるいは人間の均整の取れた身体でした。身体は頭、首、胸、腹、尻、足などの諸部分から成りますが、それら諸部分相互と全体の釣り合いをプロポーションと呼ぶならば、これが美とされていました。実際に紀元前五世紀後半に活躍したアルゴス出身の彫刻家ポリュクレイトス（Polykleitos）は、理想的な身体の各部分の比率を細部に至るまで厳密に規定した『カノン（Kanon）』を著し（現存していません）、そのカノンを具象化した青銅製の「ドリュフォロス（Doryphoros）」（ギリシア語で、槍を持つ人の意）を製作し（原作は現存しません）[12]、これが長い間、完璧なプロポーションを表現した静止像の規範となっていました。この古代ギリシアの美の概念が西欧のルネサンスに伝えられ支持されていたことは、絵画ではボッティチェルリ（Sandro Botticelli, 1444/5–1510）の《ヴィーナスの誕生》（一四八六年頃、ウフィーツィ美術館）、彫塑ではミケランジェロ（Michelangelo Buonarroti, 1475–1564）の《ダビデ》（一五〇四年、フィレンツェ・アカデーミア美術館）を挙げれば十分でしょう。

しかし十八世紀になるととりわけ経験主義の思潮が濃厚な英国において、美についての論議がにわかに盛んになります。その代表としてここでは政治家・著述家バーク（Edmund Burke, 1729–1797）が一七五七年に刊行した著作『崇高と美の観念の起源に関する哲学的探究』[13]を取り上げてみます。この本はバークの生前版を重ね、フランス語やドイツ語にも訳され大きな影響を与えました。さてこのなかでバークは美の概念がプロポーションとかかわらないことを力説していますが、これは当時なお一般には美がプロポーションと受け取られていたことを示すものでしょう。バークによればプロポーションは数値的なものであり知力の産物であって、感覚器官と想像力に働きかけるものではないのです。それでは美の直接的原因は何かといえば、物体に備わっていて私どもに愛もしくはそれに似た情念を生み出す性質であるとして、比較的容積が小さく、滑らか、などその物体の七つの属性を挙げています。そしてここで言う物体とは主に人体を指すので、美の観念は人間男女が異性に対して抱く愛の情念を基本とする快を源泉とすると論じています。しかしこの著作の主眼は、美と並ぶ別種の美、崇高（the Sublime）について論究するところにあります。「何であれ苦痛と危険の観念を生むのに適したもの、つまり何であれ恐ろしいものあるいは恐ろしい対象にかかわるものか、恐怖に類似した仕方で作用するものは、崇高の起源である」（第一部第七節）としています。そしてこのような恐ろしいものとして、大地の広大無辺の広がり、大海原、峨峨《がが》とした岸壁や山岳、昼なお暗き森林、荒れ狂う嵐、滝や雷の轟音など、一言で言えば大規模な自然物や自然現象を挙げています。これらは苦痛と恐怖の感情を呼び起こしますが、身に危険がなければぞくぞくする喜びとなり、これが崇高の観念の起源だというのです。

　これを受けてカントが『判断力批判』の第一部「感性的判断力の批判」第一編「感性的判断力の分析論」第一章の「美の分析論」と並んで第二章「崇高の分析論」を置いたことは前に触れました。

　もうひとつバークは先の著作の第二版（一七五九）に序論「趣味について（Essay on Taste）」を付加しています。「趣味」はもともと美味い不味いの味覚を意味していましたが、十七世紀後半から美を識別し鑑賞する能力を意味するようになりました。経験主義の立場では、美の問題は、それを感受する主体の能力の問題となるわけです。バークの場合、趣味は芸術作品に関する判断を作り上げる「心のひとつまたはそれ以上の能力」を意味するとし、外的対象とかかわる人間の生まれながらの能力は、すべての人間において同一であり、差異はあるとしても取るに足らないほど僅かだと具体的に詳論しています。

これを受け継いでカントは『判断力批判』の「美の分析論」の第一節において、「趣味とは美の判定能力である」と定義して、趣味判断がどのような判断なのか究明しています。それを要約してみますと、趣味判断は感性的判断で満足を伴うのですが、関心を欠き、概念なしに普遍的な満足を与え、目的の表象なしに合目的性が知覚される判断であるとしています。そのような趣味判断の対象が美なのですから、美は概念なくして普遍的満足を与えるものであり、合目的性が目的の表象なしに対象において知覚される限りでの対象の合目的性の形式であるとしています。この美が具体的にはどのようなものか、少し例を挙げてみますと、純粋趣味判断は刺激と感動に依存しないので、草原の緑のような単なる緑やヴァイオリンの単なる音調などは感覚的刺激なので美ではなく、色のない素描や音の構成形式が美なのです（第十四節）。またその対象がいかなるものであるべきかという概念を前提している人間（男の美、女の美、児童の美）や馬や建築の美は、目的の概念が付随しているので「付随美（anhängende Schönheit）」と呼ばれ、花や極楽鳥や貝などは、その対象がいかなるものであるべきかという概念を前提していないので「自由美（freie Schönheit）」と呼ばれています。また壁紙の装飾文様や、主題のない幻想曲や歌詞のない音楽も自由美とされています（第十六節）。前述しましたが、シラーが人間の美よりもアラビア文様の方が純粋であるとしたカントの美の捉え方は間違っていると述べているのは、この箇所を読んでのことでした。私は別の点でカントの美論に違和感を覚えます。それはカントの趣味論は趣味判断が主観的でありながら普遍妥当性を説くところから、「趣味判断は各人に同意を要求する。そして、あるものを美と言明する人は、各人が眼前の対象に賛同し、彼と同様に美と言明すべきことを要求する」と主張しているところです（第十九節）。つまり単にある個人にのみ満足を与えるものならば、それを美と呼んではならないと、条件つきで命令しているところです。しかし例えば私が道端に咲く可憐な花を見て「美しい」と判断したとして、どうしたら誰でもそれに同意することを知ることができるでしょうか。その術がないとすれば、どのような対象も美とは呼べないことになりましょう。

それはともあれ以上の簡単な紹介で、カントの問題意識は概略バークのそれを受け継いだものと言えましょう。

それに対してシラーの場合はどうでしょうか。確かに美について研究を始めた動機はカントの『判断力批判』を読んだことにありました。この点でシラーはカント学徒といわれてもおかしくありません。しかしカリアス書簡のなかで述べているように、カントの美の捉え方は間違っているとして、独自に美の考察を始めました。それはカントのように趣味判断について批判的考察を行うのではなく、直接、美の概念を先験的に理性の本性から証明すること、言い換えれば「美なるものの概念の演繹を試みた」（一月二十五日付け書簡）のです。その結果、「現象における自由」という美の概念を導出したのでした。そうしてはじめて公表した本論文において、古代ギリシア人が美と別に識別していた優雅についてはは「美しい魂」の表出したもの、ヴィンケルマンらが論じていた尊厳は「崇高な志操」の表出とし、両者とも動く、あるいは行動する、あるいは行為する人間の美の概念であるとしたのです。生き活動している人間の美、すなわち優雅と尊厳が本当の人間の美であるとしたのです。カントとシラーの美論の関係については、シラーはカントの美論を受け継ぎ修正したという意見と、カントを超えて新しい地平を切り開いたとする意見がありますが、私は後者の意見に賛同します。それはカントとはまったく別の方法論を採ることによりもたらされたのでした。すなわち実際に美学の中心的課題であるべき人間の美について解明したのです。そしてこれは劇作家シラーであればこそ可能であったと思われます。いうまでもなく演劇は人間の行動・行為を人間（俳優）が描く芸術にほかならないからです。

六、おわりに

論文「優雅と尊厳について」は、先に述べましたように、ケルナーに「私の美論の先駆けと見なして下さい」と書き送っていました。そしてアウグステンブルク公子宛の書簡をもとに書き上げて、一七九五年に発表した書簡体の論文「人間の美的教育について、一連の書簡」は、まさにその美論にほかならないでしょう。この論文でシラーはもう一度、美の概念の演繹を行っています。それは一七九四年五月、カント学者のラインホルトの後任として若き哲学者フィヒテがイェーナ大学に着任したことと関係します。すなわちフィヒテは六月から始めた講義「全知識学の基礎」(14)において自我(Ich)という原理から全知識学を演繹していますが、これにシラーは影響されたのでしょう、人間の概念から美の概念を演繹しているのです。すなわち人間のなかに永続するもの(人格)と絶えず変転するもの(状態)を区別し、前者に駆り立てられる要求を形式衝動、後者に駆り立てられる要求を感性的衝動と呼んでいます(第十一書簡〜第十二書簡)。この両衝動の関係から人間性の理念へ、美の概念とその作用へと進むのですが、ここでその思考の道程をたどることは長くなりますので省略します。ただその成果を「美論」とせずに「美的教育」と題した理由は、美の概念よりも美の作用の方が重要と考えたからです。美の作用とは人間に人間性(Humanitär)をもたらすことであり、この美的人間によってひいては美的国家が成立するとしたのです。

なお付記しておきたいことがあります。ドイツ語で美学はエステーティク(Ästhetik)と言いますが、カントはこの語を感性論の意味で使っていて、美学の意味では使っていません。それは美の批判的判断を理性の原理のもとにもたらし、その規則を学問に高めようと苦心しても、考えられる規則は、その根拠が経験的であり、先験的な原則として役立たないからだというのです。簡単にいえば美学は学問として成り立たないとしているのです。これに対してシラーは堂々とエステーティクを美学という学問の意味で使っています。当時シラーはドイツ文芸界では有名人でしたから、詩人や作家の間では、美学という学問が彼を通して広く知られるようになったようです。それは独特の詩境を開いたジャン・パウル（Jean Paul 本名 Johann Paul Friedrich Richter, 1763–1825）が、シラーの亡くなる一年前の一八〇四年に、文学論を『美学入門』(15)という表題で刊行し、その序文で、「美学者ほどわれわれの時代にうじゃうじゃしているものはない」と述べているところに伺えます。無論、皆が美学という学問分野の意味を正しく理解していたとは限りませんが、ともあれ美学という学問が十九世紀にドイツにおいて、またドイツから欧米諸国へ知られるようになりました。そして今日では全世界へと広がっていますが、このように美学が普及した流れの源泉にはシラーがいたと言えるのではないでしょうか。

注

(1) カント (Immanuel Kant, 1724–1804) の『判断力批判』(Kritik der Urteilskraft, 1790) の邦訳は、古くは大西克禮訳（岩波文庫、昭和十五年）から新しくは熊野純彦訳（作品社、二〇一五年）まで、幾通りもあります。

(2) ケルナー (Christian Gottfried Körner, 1756–1831) は、ドイツの官吏で、一七八一年からライプツィヒの福音派教会長老会弁護士、一七八三年からドレスデンの上級宗教局評議員、一七九〇年から控訴裁判所裁判官、一八一五年にはプロイセン政府の枢密上級参政官を勤めました。一七八五年にマンハイムで窮状に喘いでいたシラーをライプツィヒに呼び寄せ、以後、三歳年上でしたが親密な友人としてまた後援者としてシラーを支援し続けました。

(3) アウグステンブルク公子　正式の名前はフリードリヒ・クリスチアン公子 (Erbprinz Friedrich Cristian von Schleswig–Holstein–Augustenburg, 1765–1814) です。この年金の発案者はデンマークの詩人でシラーのファンであったイエンス・バッゲッセン (Jens Baggesen, 1764–1826) で、同じくファンであったアウグステンブルク公子に図り、デンマークの財務大臣・通産大臣シンメルマン伯爵 (Heinrich Ernst Graf von Schimmelmann, 1747–1831) が実施したようです。

(4) 美学の講義　一七九二年十月に始められ翌年三月まで続いたこの講義については、シラーの講義原稿は断片二葉しか残されていませんが、聴講者クリスティアン・ミカエリスの筆記録がシラーの没後すぐの一八〇六年に公表されていて、その概要を知ることができます (NA Bd. 20 S. 66–88)。

(5) 『カリアス書簡』　邦訳は、石原達二訳『美学芸術論集』冨山房、昭和五十二年、に収められています。

(6) Über die Erziehung des Menschen in einer Reihe von Briefen　邦訳は、石原達二訳『美学芸術論集』冨山房、昭和五十二年、浜田正秀訳『美的教育』玉川大学出版部、一九八二年、などに収められています。

(7) ドイツ観念論（Deutscher Idealismus）は、十八世紀末から十九世紀中葉にいたるドイツの主要な哲学潮流で、代表者はフィヒテ（Johann Gottlieb Fichte, 1762–1814）、シェリング（Friedrich Wilhelm Schelling, 1775–1854）、ヘーゲル（Georg Wilhelm Friedrich Hegel, 1770–1831）などです。

(8) Johann Joachim Winckelmann; Geschihite der Kunst des Altertums, Darmstadt: Wissenschafliche Buchgesellschaft, 1972, S. 220.　なお邦訳があります。ヴィンケルマン『古代美術史』中山典夫訳、中央公論美術出版、平成十三年。

(9) この一文で、美しい魂は、理性と感性、義務と傾向のいずれにも拘束されていませんので、自由な魂とも解せます。そこで「優雅は現象における美しい魂の表出である」という優雅の概念は、カリアス書簡における美の概念「現象における自由」のヴァージョンにほかならないといえましょう。なおノートン（Robert E. Norton, 1960–　一九九五年当時、バサー・カレッジ、ドイツ語準教授）は、例えばシラーの次の文章、「しかしわれわれがその人を道徳的人格として考えるならば、その人の姿に道徳的人格の表出を期待するのは正当である」（本書一四九頁）について、道徳的人格の表出をその人の姿に期待するのが、なぜに正当なのか、その理由も根拠も示されていないとし、またシラーの文章には、論理的な跳躍や不整合がみられ、理由の示されない空論を展開していると批判しながらも、巧妙なレトリックとカント的な断言的命令（categorical imperative）を織り交ぜて、先の一文により、シラーの論文の頂点だけではなく、ある意味でシラーにこの論文を書かせた個人の自由という十八世紀の全文化的発展の頂点に達した、と高く評価しています。Robert E. Norton; The Beautiful Soul: Aesthetic Morality in the Eighteenth Century, Cornell University Press, 1995, p. 239, p. 241.

(10) この崇高の意味は、バークやカントの場合の「大きい」とは異なり、偽ロンギノス（Pseudo-Longinus）の一世紀半ばに書かれた文体論『崇高について（Peri hypsous）』の場合の「高い」「高尚」という意味です。

(11)　プラトン（Platon, 427/8–347/8BC）は『饗宴』（原題、シンポシオン Symposion）のなかで、ソクラテスがディオテイマという女性から聞いた話として、深遠なエロス論を披露しています。またアリストパネース（Aistophanes, ca. 450–ca. 385BC）の『女の平和』（原題、リューシストラテー Lysistrate）は、戦争を止めない男たちにセックス・ストライキをして止めさせるギリシア喜劇です。ついでながらアリストパネースといえば、プラトンは『饗宴』の中で、人間の本性について次のような話を披露させています。その骨子だけ述べますと、原始時代、人間の性には三種、すなわち男男と女女と男女があり、それぞれ球状の形態をしていて、四本の手と四本の脚を持ち、背中合わせの顔を二つもっていました。その人間は現在のように直立して前後に歩くばかりか、急ぐときは八つの手足に支えられて転がって前進しました。この恐ろしい力と強さをもった人間が神々に挑戦するにおよび怒ったゼウスは、人間を真っ二つに切って二本足で歩くようにして凶暴性を失わせたのです。そのためいずれの半身も他の半身にあこがれ、ふたたび体をひとつにする欲望を持つようになったというのです。これは古代ギリシアにおいては同性愛も普通のことと受け取られていたことを示すものとしてよいでしょう。

(12)　ローマン・コピーは、ナポリ国立考古学博物館、ミネアポリス美術館などにあります。「ドリュフォロス」像などに関心がある方は、十八編の論文を集めた次の参考書をご覧下さい。Warren G. Moon Ed.; Polykleitos, the Doryphoros, and Tradition, The University of Wisconsin Press, 1995.

(13)　次のテクストを使用しました。J. T. Boulton Ed.; Edmund Burke: A Philosophical Enquiry into the Origin of our Ideas of the Sublime and Beautiful, London: Routledge and Kegan Paul, 1958.　邦訳は、中野好之訳『崇高と美の観念の起源』みすず書房、一九九九年、があります。

(14)　Grundlage der gesamten Wissenschaftslehre　邦訳は、木村素衛訳『全知識学の基礎』（上下巻）岩波文庫、一九四八年のほか、隈元忠敬訳『フィヒテ全集 第四巻：初期知識学』哲書房、一九九七年、七七〜三五三頁にあります。

(15) Vorschule der Ästhetik, 1804, 1812　古見日嘉訳『美学入門』白水社、一九六五年、二七頁。

本論文には先訳が次の二編あります。

大庭米治郎訳「優美と尊厳とに就いて」、『シラー美学論集 上巻』岩波書店、大正十四年、所収

實吉捷郎訳「優美と品位について」、『シラー選集 2：論文』冨山房、昭和十六年、所収

翻訳に当たってはこの先訳を参照し、得るところがありました。なおもうひとつ次の仏語訳も参照しました。

Traduction par Ad. Regnier; De la grace et de la dignité, en: OEuvres de Schiller, Tome VIII, Esthétique, Paris: Librairie de L. Hachette, 1861.

また訳注と解説を書くに当たっては、翻訳の底本とした全集の注釈を参考にしたことも記しておきます。

あとがき

今回の出版については、前著『バウハウス 歴史と理念〈記念版〉』と同様、マイブックサービスの社長・村上正さんと前社長・村上正樹さんにまず感謝したいと思います。お二人の心あたたかなご理解とご了承がなければ本書は実現しませんでした。とりわけ、すでに現役を引退されている村上正樹さんには今回の出版にあたり特別な支援をいただきました。厚くお礼申し上げます。そして、今回この本を出版することができたのは同社の伊藤雅俊さんの協力のおかげです。脊椎損傷のリハビリ、腰椎圧迫骨折の療養中のため、本書の一部は口述筆記によっています。伊藤さんの協力がなければ本書はまったく成り立たなかったわけですから、私の単著となっていますが、読者諸賢には伊藤さんとの共同作業によって生まれた本であると受け取ってほしく思います。そして、前著を出したときにお願いしたブックデザインを今回も担っていただいた橋詰冬樹さんにも感謝したいと思います。

最後に、わが相棒、妻・美子への謝辞を述べておきたい。あなたは常に私の思考のじゃまをしながら、手助けをしてくれました。ありがとう。

二〇二二年八月　利光　功

利光 功（としみつ いさお）
一九三四年東京府大森区（現東京都大田区）生まれ。
東京大学文学部美学美術史学科卒業、同大学大学院人文科学研究科美学専修修士課程修了、文学修士。
東京大学助手、玉川大学助教授・教授、東京工芸大学大学院教授、大分県立芸術文化短期大学学長・理事長を歴任。その間、東京大学、東京藝術大学、お茶の水女子大学などに非常勤講師として出講。また美学会委員、日本アートマネジメント学会会長などを務める。

著書：
『バウハウス 歴史と理念〈記念版〉』（マイブックサービス、二〇一九年）、
『美と芸術のプロムナード』（玉川大学出版部、一九九八年）、
『美と芸術のフェイズ』（勁草書房、二〇〇三年）、
その他、共著、分担執筆著書多数。

翻訳書：
パウル・クレー『教育スケッチブック』（一九九一年）、
L・モホリ=ナギ『絵画・写真・映画』（一九九三年）、
ヴァルター・グロピウス『デッサウのバウハウス建築』（一九九五年）、
『ヴァイマルの国立バウハウス 1919—1923』（二〇〇九年、以上いずれも中央公論美術出版）、
その他多数。

シラーの美学思想

二〇二二年一〇月七日発行

著者　利光 功
発行者　村上 正
発行　株式会社マイブックサービス
東京都千代田区神田猿楽町二丁目五番八号
ブックデザイン　橋詰冬樹
印刷・製本　株式会社山田写真製版所

ISBN 978-4-907490-20-1 C3010